Norbert Paul

Jahreskreisbuch

2020

Das Arbeitsbuch zu den Jahreskreisfesten

© 2020 Norbert Paul

Umschlaggestaltung sowie Satz/Layout: Sven Henkler, Verlag Zeitenwende (www.verlag-zeitenwende.de)

Verlag & Druck: tredition GmbH, Halenreie 40-44, 22359 Hamburg
ISBN 978-3-347-00377-4

Bildnachweise/-rechte: Alle Fotos in diesem Buch wurden entnommen von pixabay.com und unterliegen der „Creative Commons CCO". Die Graphiken auf den Seiten 3, 11, 19, 27, 35, 43, 51, 59 wurden erstellt von Norbert Paul und Sven Henkler.

Das Werk, einschließlich seiner Teile, ist urheberrechtlich geschützt. Jede Verwertung ist ohne Zustimmung des Verlages und des Autors unzulässig. Dies gilt insbesondere für die elektronische oder sonstige Vervielfältigung, Übersetzung, Verbreitung und öffentliche Zugänglichmachung.

Bibliografische Information der Deutschen Nationalbibliothek:
Die Deutsche Nationalbibliothek verzeichnet diese Publikation in der Deutschen Nationalbibliografie; detaillierte bibliografische Daten sind im Internet über http://dnb.d-nb.de abrufbar.

Über dieses Jahreskreisbuch

Von Jahr zu Jahr dreht sich unsere jeweils eigene Lebensspirale durch den immer wieder neuen und doch immer gleichen Jahreskreis. Die in ihm verankerten Hochzeiten, die Jahreskreisfeste, bieten den Anlass und die Unterstützung, eine Zeit lang innezuhalten, zu reflektieren und Zwischenbilanz zu ziehen. Was geschah bisher in meinem Leben? Wie ist momentanen Stand und ist der so, wie ich ihn gerne hätte? Es sind die Energien dieser Hochzeiten, die uns dabei unterstützen und mit ihren Aspekten leiten.

So wie das Mondjahr die kleinen vegetativen Zyklen innerhalb der Jahreszeiten des Sonnenjahres bestimmt, so bestimmt der immer wiederkehrende aus Sonnen und Mondjahr bestehende Jahreskreis unser tägliches, wöchentliches, monatliches und jahreszeitliche Werden, Sein und Vergehen. Wie das Mondjahr die „kleinen" Zyklen dem Sonnenjahr hinzufügt und damit den Jahreskreis erst vollständig macht, so steuert der Jahreskreis die „kleinen" Zyklen zu unserem Lebensrad/ Lebensspirale bei.

In der heutigen schnelllebigen Zeit, in der man sich immer mehr von der Natur entfernt und ihren natürlichen Prozessen menschengemachte Konzepte entgegengesetzt, ist es nicht leicht, wieder mehr in Einklang mit sich selbst, der eigenen Bestimmung und der allem zugrunde liegenden Schöpfung zu kommen. Um Menschen, die sich entschlossen haben, ein schöpfungsrichtiges Leben zu führen und den eigenen (naturspirituellen) Weg konsequent über Jahre hinweg zu gehen, eine sinnvolle Unterstützung an die Hand zu geben, ist dieses Jahreskreis-Arbeitsbuch entstanden. Das Führen von Jahreskreis-Arbeitsbüchern hat sich dabei zweifelsohne als hervorragendes Hilfsmittel erwiesen, über Jahre hinweg eine Chronik über den eigenen Entwicklungsweg anzulegen.

So wird mit dem Beginn eines neuen Jahreskreis auch ein neues Jahreskreisbuch angelegt. Darin wird zu jeder Jahreskreishochzeit ausgearbeitet und festgehalten, was um uns und ganz besonders in uns vorgeht. Von Jahr zu Jahr entsteht so eine persönliche Chronik des eigenen Lebensweges. Dadurch wirst Du fortan in die Lage versetzt zu überprüfen, wie sich Deine Lebensspirale durch die vergangenen Jahreskreise drehte, ob sie sich aufwärts bewegte, hier und da absank, ob da und dort eine Korrektur nötig war, dies und das vergessen wurde oder Du Dich in anderen Dingen und Tätigkeiten verloren hast. Mit den Jahreskreis-Arbeitsbüchern wird es Dir möglich gemacht, Dein Leben hinsichtlich dessen schöpfungsrichtigen Laufes immer wieder reflektierten zu können.

Somit werden diese Jahreskreis-Arbeitsbücher zu einem wichtigen Werkzeug für Deine persönliche Entwicklung, für echte Veränderungen, für klare Ziele in Deinem Leben und vieles andere mehr. Mit anderen Worten, es hilft Dir auf Kurs zu bleiben.

Es sollte uns immer bewusst sein, dass das Sonnenjahr den großen Zyklus unseres Lebens als Ganzes vorgibt. Für uns Menschen ist es dabei wichtig, was wir innerhalb dessen wirklich erreichen, und zwar von einem Jahreskreisfest zum nächsten, von einer Hochzeit im Jahreskreis zur nächsten. Auf diese Weise nähern wir uns nicht nur dem schöpfungsrichtigen Leben und seinem

Über dieses Jahreskreisbuch

natürlichen Lauf an, sondern lernen auch unsere Energien zum richtigen Zeitpunkt und mit bester Wirkung für die eigenen Vorhaben einzusetzen. Von Jahr zu Jahr wird sich so unser Lebensrhythmus dem natürlichen und damit schöpfungsrichtigen Herzschlag der Schöpfung annähern. Keinesfalls sollten wir uns von den momentanen unvorhersehbaren Wirren und Veränderungen verunsichern lassen. Stattdessen sollten wir lernen, die Jahreszeiten und die Rhythmen innerhalb dieser zu erkennen und danach zu handeln, denn diese wird es immer geben. Auch wenn sich die jahreszeitlichen Perioden von ihrer Länge her verändern (was sie im Übrigen schon immer taten, derzeit werden der Herbst und das Frühjahr länger und der Winter entsprechend kürzer), Frühjahr,

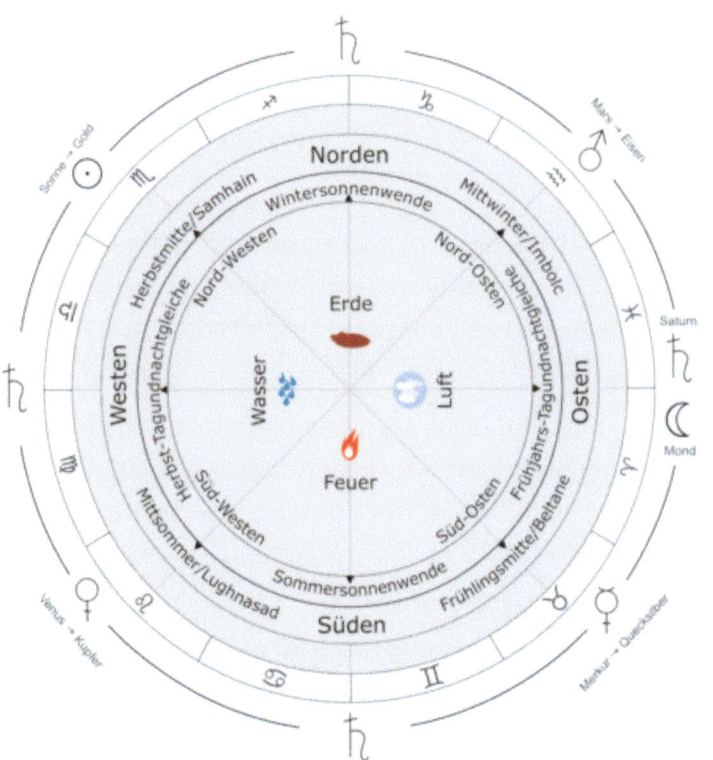

Verbunden und in die große Ordnung des Kosmos eingebunden sind Jahreskreis und Lebensrad durch das Planeten-Rad.

Sommer, Herbst und Winter werden weiterhin in dieser Reihenfolge aufeinander folgen. Das Lebensrad und den Jahreskreis wirklich zu verstehen und zu leben, das ist die Grundlage des Erkennens und des Treffens richtiger Entscheidungen, des echten und selbstbestimmten Lebens.

Der Jahreskreis im Kurzüberblick

☼● Jul/Wintersonnenwende → Herbstende und Winteranfang → Schütze|Steinbock
O Imbolc → Mittwinter → Winterhochzeit → im Wassermann
☼● Ostara/Frühjahrs-Tagundnachtgleiche → Winterende und Frühlingsanfang → Fische|Widder
O Beltane → Frühlingshochzeit → im Stier
☼● Litha/Sommersonnenwende → Frühlingsende und Sommeranfang → Zwillinge|Krebs
O Lughnasad → Sommerhochzeit → im Löwe
☼O Mabon/Herbst-Tagundnachtgleiche → Sommerende und Herbstanfang → Jungfrau|Waage
O Samhain → Herbsthochzeit → im Skorpion

☼ = Sonne, O = Vollmond/Silbermond, ● = Neumond/Schwarzmond (Die zweite Position nach der Sonne zeigt die vorherrschende Mondqualität zum Sonnenfest.)

Über dieses Jahreskreisbuch

Das Arbeiten mit dem Jahreskreisbuch

Mit dem Beginn der Rauhnächte endet der alte Jahreskreis und die Zeit zwischen den Jahren beginnt. Mit dem Ende der Rauhnächte beginnt dann erst der nächste Jahreskreis. Die Rauhnächte verbinden somit nicht nur das Sonnenjahr und das Mondjahr zum Jahreskreis, sondern auch den vergangenen Jahreskreis mit dem Neuen. Die Besonderheit dieser Zeit wird dadurch deutlich, denn es gibt während den Rauhnächten keinen Jahreskreis, nur die Energien und Aspekte dieser außergewöhnlichen Zeit.

Dein wahres Leben verläuft nach dem Jahreskreis, nach den Rhythmen und Zyklen der Natur, nicht nach dem Kalender, der eine reine Verwaltungsfunktion ohne sonstige Belange hat. Der Kalender ist wichtig, ja, aber eben nur ein Werkzeug. Grundlage für Terminplanungen sollte zuerst Dein wirkliches Leben in Einklang mit dem Jahreskreis sein. Erst in zweiter Linie sind andere Notwendigkeiten zu beachten und darauf zu reagieren. Zu jeder Hochzeit eines Jahreskreisfestes haben dessen Aspekte und Energien ihre stärkste Ausprägung. Diese kennenzulernen und für sich zu nutzen, ist nicht nur an dem entsprechenden Fest wichtig,

> **!** Im Kalenderjahr 2019 erstrecken sich die Rauhnächte vom 22. Dezember um 05:19 Uhr bis zum 26. Dezember um 06:13 Uhr. Dieses Mal stehen also etwas mehr als 4 Tage zur Verfügung, die so aufgeteilt werden können: Die ersten 2 Tage solltest Du nutzen, den alten Jahreskreis auf allen Ebenen abzuschließen, um nichts in den neuen hinüberzuschleppen, was eigentlich schon abgehakt gehört. In den anderen 2 Tagen solltest Du den neuen Jahreskreis grob vorausdenken, ohne dabei ins Detail zu gehen, nur soweit, dass eine Vorstellung von dem aufkommt, was vom nächsten Jahreskreis erwartet werden darf. Nutze diese Rauhnächtezeit unter Einfluß der letzten Tage des absteigenden Mondes, um diese Aufgaben unter dem Aspekt des Abgebens, Loslassen und des Minimalisums zu erfüllen, unterstütze Dein Tun mit Räucherungen und gehe am 26. Dezember entspannt in den neuen Jahreskreis. Ab dann gelten neue Vorgaben, der Winter als Zeit des Rückzugs, der Erholung, Regeneration und der Innenschau!

sondern gilt auch für alle anderen Hochzeitmomente im Laufe des Jahres. So treten Imbolc- oder Ostara-Momente, wie auch Aspekte und Energien anderer Jahreskreisfeste, das ganze Jahr über immer wieder in Erscheinung. Diese zu erkennen, hilft Dir, um deren Energien für Dich und Deine Vorhaben zu nutzen.

Doch aufgepasst, wie bei allen heidnischen Festen, hat die christliche Kirche versucht die ursprünglichen Jahreskreisfeste durch ihre eigenen Festtage zu ersetzten. Man erkennt die christlichen Festen jedoch an ihren wiederkehrenden Kalenderterminen, die es in der Natur und Schöpfung so nicht gibt. Die echten Jahreskreisfeste orientieren sich ausschließlich an Sonne und Mond, sind daher immer zu einem anderen Termin und nicht jährlich wiederkehrend kalendarisch fixierbar.

Über dieses Jahreskreisbuch

Um aus unserem Lebensrad eine Lebensspirale machen zu können, welche sich von Jahreskreis zu Jahreskreis nach oben schraubt, hilft uns dieses Jahreskreisbuch. Mit ihm dokumentieren wir nicht nur unsere persönliche Entwicklung, wir können zudem zielgerichtet und konstruktiv damit arbeiten, indem wir es zu jedem Jahreskreisfest zur Hand nehmen, unseren Alltag und die Gesellschaft, in der wir leben, reflektieren, indem wir auf die Aspekte der aktuellen Hochzeit eingehen und schauen, welche Bedeutung diese im Moment für uns haben. Hierfür werden die bei jedem Fest vorherrschenden Aspekte kurz beschrieben, einige Anregungen gegeben, was in dieser Zeit getan oder unterlassen werden sollte, und schließlich steht reichlich Platz zur Verfügung, um wirklich all das festzuhalten, was Dir wichtig ist, was Du erreichen willst oder wo Du Ansätze für Veränderungen siehst. Hierfür wird eine Art Aufgabenliste (siehe Beispielabbildung unten) mitgegeben, nach der Du Dich richten kannst. Sie hilft Dir Dein Entwicklungs- und Veränderungspotential strukturiert aufschreiben zu können. Diese Aufgabenliste enthält Orientierungsfragen oder -hilfen, die Du der Reihe nach für Dich »beantworten« solltest. Auf die leeren Seiten im Anschluss an die zu jedem Hochfest beschriebenen Aspekte und Fragen notierst Du Deine Gedanken zu der jeweiligen Frage sowie Deine Vorstellungen, Wünsche usw. In der Aufgabenliste kannst Du jeden einzelnen abgearbeiteten Punkt abhaken (sollten die freien Seiten für Deine Notizen nicht ausreichend sein, dann schreibe es auf ein Extrablatt und lege dies an der entsprechenden Stelle im Buch ein). Unter dieser Aufgabenliste findest Du des Weiteren eine Destruktiv-Konstruktiv-Tabelle. Trage in diese die wichtigsten Punkte Deines Gesamtresümee ein. Achte darauf, dass Du – ähnlich wie beim Redestab-Ritual – Dich beim Niederschreiben kurz fasst und auf den Punkt kommst. Das ist deshalb wichtig, damit Du im darauffolgenden

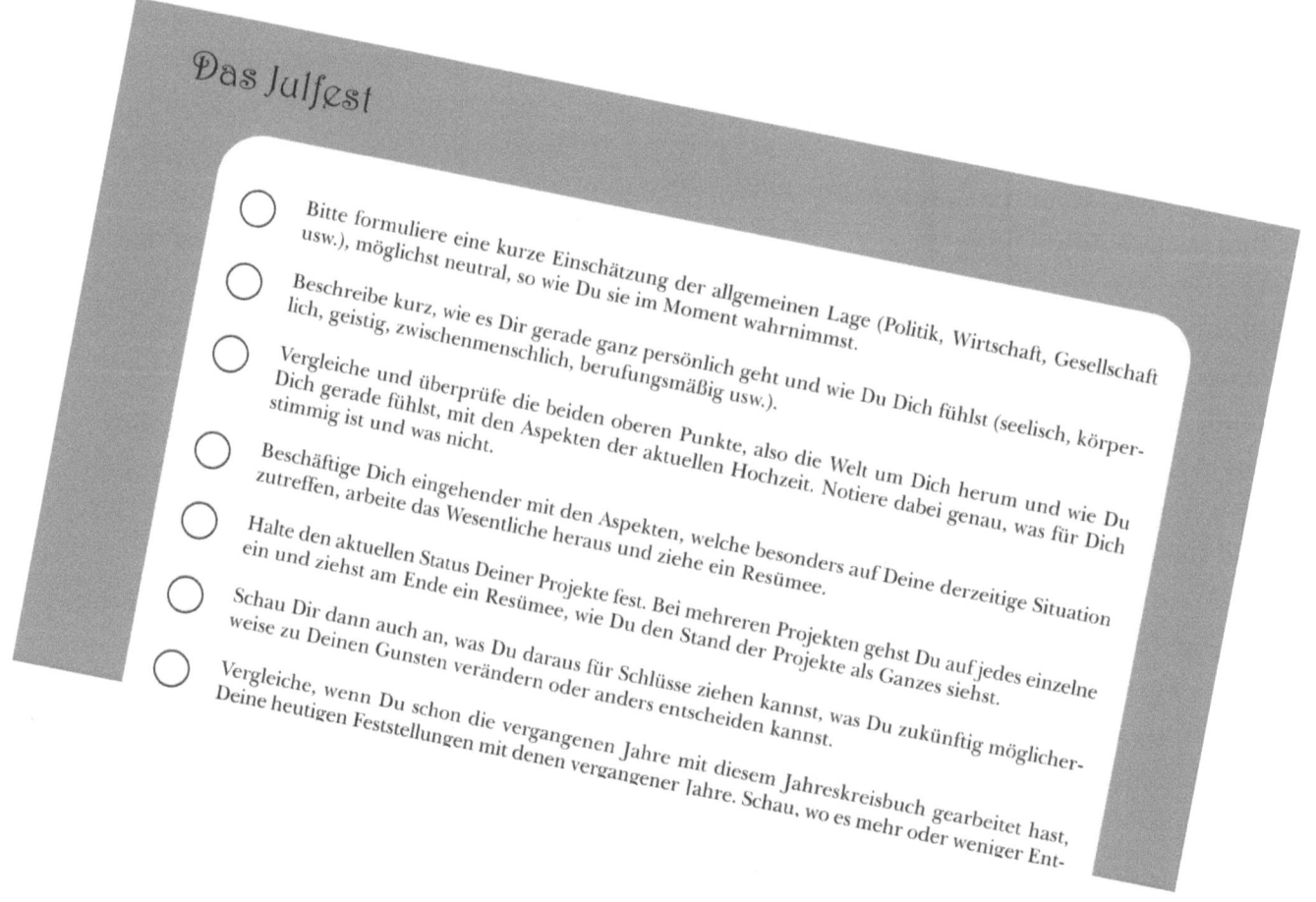

Über dieses Jahreskreisbuch

> **!** Denke immer daran: Das Jahreskreisbuch soll Dir eine Hilfe und ein Werkzeug über Jahre hinweg sein, nicht nur für ein Jahr. Aus diesem Grund solltest Du es entspannt, aber auch konsequent und natürlich ehrlich führen. Irgendwelche Spielchen zu spielen, wäre Selbstbetrug in Reinform, denn diese Texte wirst nur Du lesen, sonst niemand. Habe also Freude dabei oder nimm in schweren Zeiten die Entlastung war, die sich beim Bearbeiten der jeweiligen Jahreskreishochzeit einstellt und genieße sie.

Jahr, wenn Du das aktuelle Fest mit dem diesjährigen vergleichen willst, die wichtigen Inhalte zügig erfassen und vergleichen kannst. Jedes einzelne Jahreskreisbuch wird so zum Teil einer schriftlichen Hinterlassenschaft Deines Lebens. Mit ihm erkennst Du, ob Du in Deiner persönlichen Entwicklung vorangeschritten bist, ob Du in irgendeiner Sache nachgelassen hast oder ob Du gar dabei bist, von Deinem naturspirituellen Lebensweg abzukommen. In einem solchen Falle die Anzeichen schon früh zu erkennen, gibt Dir die Möglichkeit, rechtzeitig entgegenzusteuern. Ohne diese Früherkennung würdest Du irgendwann feststellen, dass Du schon nicht mehr Deinen Weg gehst, und wie es meine Erfahrung zeigt, bleibt es dann meistens auch dabei. Doch soweit soll es ja nicht kommen. Und in einigen Jahren, wenn Du dann schon auf einige Jahreskreis-Arbeitsbücher zurückblickst, zeigen sie Dir den Weg, den Du bis dahin gegangen bist, mit allen Höhen und Tiefen, mit allen Fortschritten und Rückschlägen auf. Nichts geht dann mehr wirklich verloren oder gerät in Vergessenheit, all das, was Du für Dein schöpfungsrichtiges Leben geleistet hast, ist in den Jahreskreis-Arbeitsbüchern verankert. Gehe daher gewissenhaft sowie mit Freude und Stolz an die Arbeit mit diesem Jahreskreis-Arbeitsbuch, denn es geht um Dich und das, was Du denen, die Dir wichtig sind, irgendwann zu zeigen hast.

Der neue Jahreskreis

Dieses Jahreskreisbuch beginnt mit dem Ende der Rauhnächte am 26.12.2019 um 06:13 Uhr. Die Raunächte sind als Abschluss des letzten Jahreskreis im vorangegangenen Jahreskreis-Arbeitsbuch enthalten und bearbeitet worden. Somit sind wir jetzt in der Zeit zwischen dem Neubeginn des Jahreskreises und dem ersten Jahreskreisfest Imbolc. Es ist die Zeit des Rückzugs, der Innenschau, der Einkehr, der Erholung, Regeneration und Entspannung auf allen Ebenen unseres Seins. Hier erholen wir uns und schöpfen die Kraft, die uns durch den ganzen folgenden Jahreskreis tragen soll. Das kann nur in dieser Zeit so geschehen und sonst zu keiner anderen Zeit im Jahr, denn nur in dieser Zeit unterstützt uns die Natur und Schöpfung mit allem, was sie hat, mit langen Nächten, kurzen Tagen, mit wenig puschender Sonnenenergie, aber viel lösender Mondenergie. Außer Erholen und Krafttanken ist in dieser Zeit nichts weiter wichtig oder angesagt, außer vielleicht, sich mit Freunden zu treffen.

Das Imbolcfest

Mit Imbolc wird Mittwinter, die Mitte der Winterzeit am 09.02.2020 um 9:33 Uhr, gefeiert, es liegt auf dem Jahreskreis im Nord-Osten, im Reich der Menschen. Es ist ein Mondfest und wird zum zweiten Vollmond nach dem Julfest gefeiert. Im christlichen Kontext sollte Maria Lichtmess das alte Imbolc-Fest ersetzen. Zu Imbolc erreicht der Winter seinen Höhepunkt und wehrt sich mit den kältesten Temperaturen und dem üppigsten Schneefall des Jahres gegen das unaufhaltsame Herannahen des hellen Jahres, das mit Ostara und der Frühjahrstagundnachtgleiche seinen astronomischen Anfang hat. Unsere Vorfahren widmeten dieses Fest der Göttin Brigid, die den baldigen Frühling und damit das Ende der entbehrungsreichen Winterzeit bringen soll. Seinerzeit waren um Imbolc herum die angelegten Vorräte schon deutlich geschrumpft, und die eintönige Ernährung wurde den Menschen mehr und mehr über. Damals wie heute ist es nun an der Zeit, nach den Wochen der Innenschau und Ruhe langsam wieder ins Tun zu kommen und sich über die Vorbereitungen für die mit Ostara nahende Aufarbeitung des Bodens und die anschließende Aussaat Gedanken zu machen – das gilt auch und vor allem im übertragenen Sinn für unsere heutigen Anliegen. Doch vorher steht eine umfassende Bestandsaufnahme an, bei der alles zu prüfen, zu sortieren, zu reinigen und neu zu ordnen ist, damit für die helle Jahreshälfte alles bereit ist und die Aussaat reibungslos vonstatten geht. Und hierfür benötigen wir Klarheit, Tiefe und Differenzierungsfähigkeit – so wie es uns die Natur in dieser Hochzeit sichtbar vormacht. Ab und um Imbolc sorgen die tiefen Temperaturen für einen Blick wie er klarer zu keinem anderen Zeitpunkt im Jahr ist, die Welt ist unglaublich transparent und wir können so weit über das Land blicken, so tief in die Wälder, wie nur an diesen Tagen und zu diesen Bedingungen. Das vorherrschende Schwarz-Weiß und die harten Grenzen zwischen ihnen sorgt für hohe Brillanz und scharfe Konturen, alles tritt klarer hervor. Die Natur selbst zeigt uns, was nun angesagt ist. Die kommenden drei bis vier Wochen gilt es für uns, das eigene Leben und alles um uns herum zu betrachten, dessen Wert für uns zu klassifizieren und sich von allem, was sich dabei als Ballast herausstellt, zu trennen. Astrologisch gesehen liegt Imbolc im Tierkreiszeichen Wassermann und wird vom Uranus begleitet. Aus dem Reich der Steine ist ihm der Bergkristall zugeordnet, weshalb die Farben Weiß und Türkis genau die richtige Wahl sind. Aus dem Reich der Tiere ist es der Schwan, der diese Zeit symbolisiert, aus dem Reich der Bäume ist es die Birke. Bei den Sträuchern ist der Hasel der passende Bote für dieses Fest und bei den Kräutern sind es Beifuß und Lavendel.

Das Imbolcfest

Auf einen Blick

Position auf dem Jahreskreisrad: Nord-Osten und das Reich der Menschen

Ereignis: Mittwinter

Termin: 09.02.2020 um 9:33 Uhr

Gefeiert wird: Imbolc oder Lichtmess

Qualität: ein Mondfest

Götter: Brigid

Tierkreis: Wassermann

Planet: Uranus

Stein: Bergkristall

Farbe: Weiß, Türkis

Tier: Schwan

Baum: Birke

Strauch: Hasel

Kraut: Beifuß, Lavendel

Bild: das Wachsen des Lichtes und des Lebensfunkens

Themen: Betrachtung, Prüfung, Reinigung, Entrümpelung, Vorbereitung auf die helle Jahreszeit, Aufbruchstimmung

Das Imbolcfest

Ausgleich/Regulation

Lughnasad oder Lammas, auch Schnitterfest oder Kräuterweih genannt, womit das Ende des Wachstums und der Beginn der großen Erntezeit gekennzeichnet werden, liegt im Jahreskreis dem Lichterfest Imbolc genau gegenüber und somit die kälteste Zeit im Jahr der heißestens, der Stillstand alles Lebendigen der Reife und Selbstaussaat der Pflanzen. Mit Entschlossenheit und gleichzeitig mit Achtsamkeit werden zu Lughnasad das Getreide sowie die wichtigsten und heilkräftigsten Kräuter des Jahres geerntet, die hoffentlich bis mindestens Imbolc reichen werden, der Zeit, in der der man sich auf Kommendes vorbereitet und die Grundlagen für die Ernte legt. Lughnasad und Imbolc sind Mondfest und mit ihnen liegen sich auf dem Jahreskreiskreis das Reich der Pflanzen, welche den Menschen helfen, sich zu ernähren sowie seine Potentiale zu entdecken und sich zu entfalten, und das Reich der Menschen, die alles planen und konzeptionell vordenken, genau gegenüber. Das Pflanzenreich kann die Handlungen des Menschen wider die Natur mehr oder weniger ausgleichen und heilen. – Lughnasad ist der passende regulierende Pol zu Imbolc.

Was wir nicht tun sollten

Da wir ab der Wintermitte, also dem Imbolc-Fest, langsam anfangen, uns ernsthaft Gedanken um Dinge zu machen, welche für uns selbst in der kommenden hellen Jahreshälfte von Bedeutung sind, dürfen wir nicht in der Lethargie der Innenschau verbleiben, aber auch nicht überaktiv loslegen oder unbedachte Aktionen starten.

Das Imbolcfest

○ Bitte formuliere eine kurze Einschätzung der allgemeinen Lage (Politik, Wirtschaft, Gesellschaft usw.), möglichst neutral, so wie Du sie im Moment wahrnimmst.

○ Beschreibe kurz, wie es Dir gerade ganz persönlich geht und wie Du Dich fühlst (seelisch, körperlich, geistig, zwischenmenschlich, berufungsmäßig usw.).

○ Vergleiche und überprüfe die beiden oberen Punkte, also die Welt um Dich herum und wie Du Dich gerade fühlst, mit den Aspekten der aktuellen Hochzeit. Notiere dabei genau, was für Dich stimmig ist und was nicht.

○ Beschäftige Dich eingehender mit den Aspekten, welche besonders auf Deine derzeitige Situation zutreffen, arbeite das Wesentliche heraus und ziehe ein Resümee.

○ Halte den aktuellen Status Deiner Projekte fest. Bei mehreren Projekten gehst Du auf jedes einzelne ein und ziehst am Ende ein Resümee, wie Du den Stand der Projekte als Ganzes siehst.

○ Schau Dir dann auch an, was Du daraus für Schlüsse ziehen kannst, was Du zukünftig möglicherweise zu Deinen Gunsten verändern oder anders entscheiden kannst.

○ Vergleiche, wenn Du schon die vergangenen Jahre mit diesem Jahreskreisbuch gearbeitet hast, Deine heutigen Feststellungen mit denen vergangener Jahre. Schau, wo es mehr oder weniger Entwicklung gab.

○ Ziehe daraus Deine Schlüsse und treffe diesbezüglich konkrete Entscheidungen für Deinen weiteren Lebensweg.

○ Notiere die momentan deutlichste Vision eines aus Deiner Sicht für Dich besseren Lebens. Fasse aus allen Punkten die darin vorhandenen Ängste wie auch Kraftquellen und Aspekte wie Erfolg, Freude und Herzensangelegenheiten zusammen und trage sie in die nachfolgende Tabelle (destruktiv/konstruktiv) ein. Schreibe ein zusammenfassendes »Schlusswort«, in dem Du das Wichtigste auf den Punkt bringst.

destruktiv (schöpfunsgwidrig)	konstruktiv (schöpfungskonform)

Das Imbolclfest

Das Imbolcfest

Das Imbolcfest

Das Ostarafest

Das Ostarafest

Dieses Sonnenfest, dessen Hochzeit in diesem Jahr am 20.03.2020 um 04:50 Uhr erreicht wird, markiert den kurzen Zeitraum, in dem Tag und Nacht gleich lang sind. Solche Zeiten sind solche der Entscheidung und Entschlusskraft, hänge ich der Trägheit der Winterzeit nach, oder breche ich mit aller Kraft in die helle Jahreszeit auf. Auf dem Jahreskreis liegt Ostara im Osten, dort, wo alles beginnt, wo alles seinen Anfang nimmt. Dieses Jahreskreisfest weihten unsere Vorfahren den Göttern Brigid, Baldur und Ostara, welche durch die anstehende helle Jahreszeit, durch die Zeit des Pflügens, des Aussäens, Pflegens und Erntens führen. Wir können ab jetzt die ersten richtigen Sonnentage und die frischen Kräuter genießen. Der Winter ist vorbei, auch wenn es ab und an noch einmal etwas kühl, aber nicht wirklich kalt werden kann. Die dicke Winterkleidung, der lange Mantel, der schwere Umhang, kann langsam der leichteren Kleidung aus Hanf, Leinen und Baumwolle weichen. Wir erfreuen uns an der zunehmend grüner werdenden Landschaft und den ersten zarten Blüten. Die noch vor kurzem transparente Welt, die den Blick ungehindert durch Büsche und Gestrüpp, tief in Wälder und weit über das Land streifen ließ, wird nun wieder dichter. Die Welt um uns herum und das Leben selbst kommen uns immer näher. Die Wachstumskräfte sind nicht mehr zu ignorieren und werden mit jedem länger werdenden Tag stärker. Alles, was uns aufhält und daran hindert, mit diesen Wirkkräften mitzuhalten, wird schnellstens entsorgt und beseitigt – und nicht nur das: Mit den jetzt wieder verfügbaren frischen Kräutern reinigen wir uns selbst bis in jede Zelle hinein und machen uns fit für die Aussaat und deren Pflege. Je konsequenter wir die Aufgaben von Imbolc annahmen und bis Ostara umsetzten, umso besser kommen wir nun in Fahrt und können darauf aufbauend die Wochen bis Beltane effektiv und ganz im Sinne der Aspekte von Ostara nutzen. Unser jetziger Start bestimmt direkt die spätere Ernte. Ranklotzen und Gasgeben ist nach einer gründlichen Reinigung das, was angesagt ist. Jetzt ist der richtige Zeitpunkt, unsere Projekte von der Konzeption in die reale Umsetzung zu bringen und die Energie und Qualität dieser Zeit des Aufbruchs für uns zu nutzen. Die Kraft, Unbeirrbarkeit und Konsequenz des Widders unterstützt uns dabei ebenso wie die Kraft der Sonne und der mit ihr länger werdenden Tage.

Ostara verbindet die Tierkreiszeichen Fische und Widder, oder anders gesagt: Mit Ostara endet die Fischezeit und die Widderzeit beginnt. Ostara liegt auf dem Jahreskreis im Osten und ist geprägt vom Element Luft. Astrologisch ist diesem Fest der Planet Neptun zugeordnet, aus dem Reich der Steine ist ihm der Calcit zugehörig, aus dem Reich der Tiere die Amsel und der Hase, aus dem großen Reich der Pflanzen die Bäume Weide und die Buche sowie die Kräuter Wermut und Brennnessel. Die dieses Fest symbolisierende geometrische Form mit entsprechender Farbe ist ein gelbes gleichschenkliges Dreieck. Das zusammenfassende Bild für diese Zeit ist: der Frühlingsbeginn, das Aufbrechen der Natur und der Fruchtbarkeit sowie das Aktivwerden. Die nun aufkommenden und anzupackenden Themen sind »innere« Reinigung und Stärkung (mit den frischen Frühjahrskräutern), nochmaliges richtiges Kräftesammeln für das bevorstehende helle Halbjahr, dienlich hierfür sind vor allem lange Spaziergänge in der aufbrechenden Natur. Es gilt, das Alltagsbewusstsein wieder zu erweitern und den Blick für die alltäglichen Möglichkeiten zu schärfen, um für die aufstrebenden Lebenskräfte sowie die Aussaat der eigenen Konzepte und Pläne die bestmögliche Klarheit und Umsetzungskraft zu erlangen.

Das Ostarafest

Auf einen Blick

Position auf dem Jahreskreisrad: Der Osten und das Element Luft
Ereignis: Frühjahrstagundnachtgleiche
Termin: 20.03.2020 um 04:50 Uhr
Gefeiert wird: Ostara
Qualität: ein Sonnenfest
Götter: Brigid, Baldur, Ostara
Tierkreis: verbindet die Tierkreiszeichen Fische und Widder
Planet: Neptun
Stein: Calcit
Farbe: Gelb
Tier: Amsel, Hase
Baum: Weide, Buche
Kraut: Wermut, Brennnessel
Bild: Frühlingsbeginn und das Aufbrechen der Natur und der Fruchtbarkeit
Themen: innere Reinigung und Stärkung mit den frischen Frühjahrskräutern, Kräftesammeln für das bevorstehende helle Halbjahr, lange Spaziergänge

Ausgleich/Regulation

Dem Ostara-Fest genau gegenüber liegt das Mabonfest oder Alban Elfed, die Herbsttagundnachtgleiche, es ist der Höhepunkt der Erntezeit. Gesundheit, Ordnung, Sorgfalt, Fleiß, Perfektion und Zuverlässigkeit haben zu dieser Zeit ihre Bedeutung. Die Ernte des Jahres wird nicht nur eingeholt, sondern auch verarbeitet und Werte daraus geschaffen. Es geht um nichts weniger, als sich auf die lange Winterzeit und einen guten Start in die nächste helle Jahreszeit zu Ostara vorzubereiten. Während um das Mabonfest alles in größter Fülle und Überfluss vorhanden ist, hat zu Ostara der Mangel des auslaufenden Winters gerade seinen Höhepunkt überschritten und weicht so langsam. Wie dieses Ende des Winters ausschaut, liegt daran, was zum letzten Mabon eingebracht wurde, wie gut die letzte Ernte war und was in dieser Zeit geschaffen wurde, ob die Vorräte ausreichen beziehungsweise richtig verarbeitet wurden, und umgekehrt macht sich in der Herbstzeit deutlich bemerkbar, wie gut im vorangegangenen Frühjahr gearbeitet wurde. Auch mit Mabon und Ostara sehen wir eine kraftvolle Polarität wirken.

Was wir nicht tun sollten

Ab Ostara sollten wir uns nicht länger der Gemütlichkeit, der Beschaulichkeit und der Lethargie der kalten Jahreszeit hingeben und sie schnellstens abschütteln, wir sollten auch nicht länger an konzeptionellen Projekten herumbasteln, sondern zusehen, dass wir sie in die reale Umsetzung bringen. Keine Zeit mehr mit Untätigkeit und Rumprobieren verschwenden, sondern TUN, das ist die Devise.

Das Ostarafest

○ Bitte formuliere eine kurze Einschätzung der allgemeinen Lage (Politik, Wirtschaft, Gesellschaft usw.), möglichst neutral, so wie Du sie im Moment wahrnimmst.

○ Beschreibe kurz, wie es Dir gerade ganz persönlich geht und wie Du Dich fühlst (seelisch, körperlich, geistig, zwischenmenschlich, berufungsmäßig usw.).

○ Vergleiche und überprüfe die beiden oberen Punkte, also die Welt um Dich herum und wie Du Dich gerade fühlst, mit den Aspekten der aktuellen Hochzeit. Notiere dabei genau, was für Dich stimmig ist und was nicht.

○ Beschäftige Dich eingehender mit den Aspekten, welche besonders auf Deine derzeitige Situation zutreffen, arbeite das Wesentliche heraus und ziehe ein Resümee.

○ Halte den aktuellen Status Deiner Projekte fest. Bei mehreren Projekten gehst Du auf jedes einzelne ein und ziehst am Ende ein Resümee, wie Du den Stand der Projekte als Ganzes siehst.

○ Schau Dir dann auch an, was Du daraus für Schlüsse ziehen kannst, was Du zukünftig möglicherweise zu Deinen Gunsten verändern oder anders entscheiden kannst.

○ Vergleiche, wenn Du schon die vergangenen Jahre mit diesem Jahreskreisbuch gearbeitet hast, Deine heutigen Feststellungen mit denen vergangener Jahre. Schau, wo es mehr oder weniger Entwicklung gab.

○ Ziehe daraus Deine Schlüsse und treffe diesbezüglich konkrete Entscheidungen für Deinen weiteren Lebensweg.

○ Notiere die momentan deutlichste Vision eines aus Deiner Sicht für Dich besseren Lebens. Fasse aus allen Punkten die darin vorhandenen Ängste wie auch Kraftquellen und Aspekte wie Erfolg, Freude und Herzensangelegenheiten zusammen und trage sie in die nachfolgende Tabelle (destruktiv/konstruktiv) ein. Schreibe ein zusammenfassendes »Schlusswort«, in dem Du das Wichtigste auf den Punkt bringst.

destruktiv (schöpfunsgwidrig)	konstruktiv (schöpfungskonform)

Das Ostarafest

# Das Ostarafest

Das Ostarafest

Das Beltanefest

Das Beltanefest

Die diesjährige Frühlingsmitte, die wir mit dem Beltane-Fest feiern, fällt heuer auf den 07.05.2020 um 12:45 Uhr. Dieses Fest wird naturgemäß zum zweiten Vollmond nach Ostara beziehungsweise dem fünften Vollmond nach Jul gefeiert. Auf dem Jahreskreis liegt Beltane im Süd-Osten, dort wo sich auch das Reich der Tiere befindet, dass durch die vielen Geburten um diese Zeit hier ebenso seine Hochzeit hat. Ab und um Beltane werden die meisten Tiere im Stall und in der Natur geboren. Nach altem Brauch gingen zu Beltane Mensch und Tier zwischen zwei Feuern hindurch und wurden dann auf die Weiden und Almen getrieben. Durch das Hindurchgehen zwischen den beiden Feuern sollten alle schlechten Energien und Anhaftungen aus der Winter- und Stallzeit verbrannt und transformiert werden. Frei, unbelastet und rein sollte die Zeit des Wachstums begangen und dementsprechend gefeiert werden. Nachdem die Aussaat erledigt und achtsam gepflegt wurde, explodieren ab jetzt die Samen, Knollen und Wurzeln und treiben üppig aus; im übertragenen Sinne betrifft dies auch unsere eigenen Vorhaben und Projekte, die wir vor wenigen Wochen, mit Ostara begonnen haben. Es darf nun keinesfalls nachgelassen werden, die Dinge, die wir ausgebracht haben, voranzutreiben und zu pflegen. Die weiterhin immer länger werdenden Tage wollen genutzt werden. Leichtigkeit und Wachstumsenergie sind überall im Überfluss vorhanden: im Wasser, in der Luft, im Boden, in den Tieren, Insekten und Pflanzen. Allem steht der Sinn nach Vereinigung und Fortpflanzung, nach Wachstum und freier Entfaltung. Das betrifft natürlich ebenso uns Menschen, unsere Ziele und Wünsche, soweit wir diese gut vorbereitet, ausgesät und unterstützt haben, können wachsen und erblühen. Zu Beltane gibt es wieder frisches Gemüse und Kräuter aus der Region, der Speiseplan kann jetzt wieder leichter, vielseitiger und vor allem mit überwiegend frischen Zutaten gestaltet werden. Unsere Kleidung wird wieder leicht und locker, unsere Haut sehnt sich nach der Sonne, will sich zeigen und gesehen werden. Zu Beltane sind die Schleier zwischen den Welten, im Vergleich zu anderen Zeiten im Jahreslauf, besonders dünn und durchlässig. Die Andersweltlichen haben es leicht, in unsere Welt zu kommen, was umgekehrt auch für uns möglich ist. Deshalb sind die alltäglichen Regeln und Gesetze für kurze Zeit aufgehoben. Und wer kann schon sagen, ob er in der Beltane-Nacht nicht doch mit Andersweltlichen ausgelassen gefeiert und sich dabei vergessen hat, hier oder in der Anderswelt? Aus diesem Grund galten Kinder, die zu dieser Zeit gezeugt wurden, bei unseren Vorfahren als etwas Besonderes, als heilige Kinder, die von der ganzen Gemeinschaft großgezogen wurden.

Beltane ist eines der vier Mondfeste und wird zu Ehren der Großen Mutter, der Göttinnen Venus, Flora und Astarte gefeiert. Es liegt in der Mitte des Tierkreiszeichens Stier und hat als Planetenkraft die Venus. Von den erdgebundenen Aspekten wird ihm als Stein der Malachit zugeordnet, aus dem Reich der Pflanzen der Apfelbaum und die Linde sowie die Kräuter Frauenmantel und Ysop, aus dem Reich der Tiere ist es der Pfau und der Hirsch. Die Farben dieses Festes sind Orangerot und Grün. Die typischen Beltane-Themen sind: ungehemmte Lebenslust, ausgelassenes Feiern, alles ist erlaubt, solange es keinem schadet, Schelmerei und Schabernack sind angesagt, die Regeln und Gesetze sind an diesen Tagen aufgehoben.

Das Beltanefest

Auf einen Blick

Position auf dem Jahreskreisrad: Süd-Osten und das Reich der Tiere

Ereignis: zweiter Vollmond nach Ostara

Termin: 07.05.2019 um 12:45 Uhr

Gefeiert wird: Beltane, auch als Walpurgis bekannt

Qualität: ein Mondfest

Götter: die Große Mutter, Venus, Flora, Astarte

Tierkreis: Stier

Planet: Venus

Stein: Malachit

Farben: Orangerot, Grün

Tiere: Pfau, Hirsch

Bäume: Apfel, Linde

Kräuter: Frauenmantel, Ysop

Bild: die Natur und das Leben explodieren, alles gibt sich dem ungehemmten Wachstum hin

Themen: ungezügelte Lebenslust, ausgelassenes Feiern, die Regeln und Gesetze sind an diesem Tag aufgehoben: alles ist erlaubt, es darf jedoch niemandem Schaden nehmen

Ausgleich/Regulation

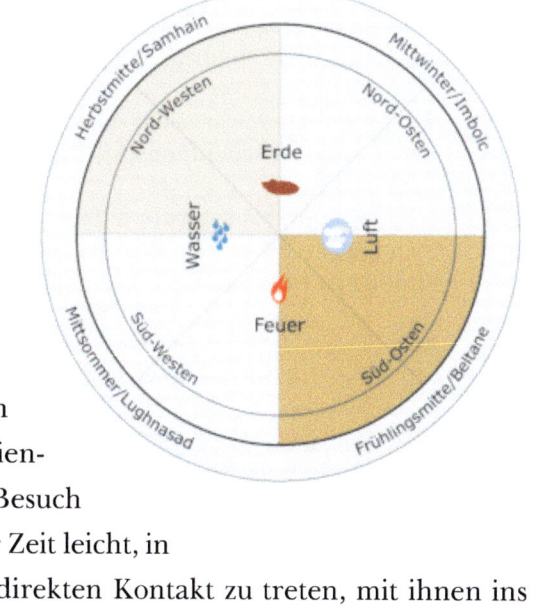

Beltane liegt als passender Pol Samhain oder Samhuinn genau gegenüber. Samhain, im christlichen Kontext auch Allerheiligen, Allerseelen oder Totenklag genannt, ist das Fest der Ahnen, unserer Ahnen. Zu dieser Zeit sind, wie zu Beltane auch, die Schleier zwischen den Welten besonders durchlässig, sowohl wir als auch unsere Ahnen finden leicht den Weg auf die jeweils andere Seite. Doch anstelle von überschwänglichen, lebenslustigen und wachstumsorientierten Wesen kommen in diesen Tagen die Ahnen zu Besuch in unsere Welt. Auch wir Lebenden haben es zu dieser Zeit leicht, in das Reich der Ahnen zu gelangen, um mit ihnen in direkten Kontakt zu treten, mit ihnen ins Reine zu kommen, um alte Verbindlichkeiten und längst Vergangenes zu lösen, sie um Unterstützung zu bitten und so einiges mehr. So wie zu Beltane das Leben mit maximaler Kraft in das Sein drängt und sich dabei verausgabt, so zieht es sich ab Samhain wieder zurück, um sich zu erholen und für die nächste Explosion des Lebens und der Vielfalt gerüstet zu sein. Der Überschwang des Lebens trifft zu Beltane auf das Vermächtnis der Ahnen, beides gleicht sich aus und gibt einander den Raum, den sie für gegenseitigen Austausch benötigen.

Was wir nicht tun sollten

Diese Energien, diese Begeisterung und Kreativität des Lebens an uns vorbeiziehen zu lassen, unbeteiligt zu sein und den Strom des Lebens an uns vorübergehen lassen. Luftschlösser zu ersinnen und zu erbauen ist alles andere als angesagt.

Das Beltanefest

○ Bitte formuliere eine kurze Einschätzung der allgemeinen Lage (Politik, Wirtschaft, Gesellschaft usw.), möglichst neutral, so wie Du sie im Moment wahrnimmst.

○ Beschreibe kurz, wie es Dir gerade ganz persönlich geht und wie Du Dich fühlst (seelisch, körperlich, geistig, zwischenmenschlich, berufungsmäßig usw.).

○ Vergleiche und überprüfe die beiden oberen Punkte, also die Welt um Dich herum und wie Du Dich gerade fühlst, mit den Aspekten der aktuellen Hochzeit. Notiere dabei genau, was für Dich stimmig ist und was nicht.

○ Beschäftige Dich eingehender mit den Aspekten, welche besonders auf Deine derzeitige Situation zutreffen, arbeite das Wesentliche heraus und ziehe ein Resümee.

○ Halte den aktuellen Status Deiner Projekte fest. Bei mehreren Projekten gehst Du auf jedes einzelne ein und ziehst am Ende ein Resümee, wie Du den Stand der Projekte als Ganzes siehst.

○ Schau Dir dann auch an, was Du daraus für Schlüsse ziehen kannst, was Du zukünftig möglicherweise zu Deinen Gunsten verändern oder anders entscheiden kannst.

○ Vergleiche, wenn Du schon die vergangenen Jahre mit diesem Jahreskreisbuch gearbeitet hast, Deine heutigen Feststellungen mit denen vergangener Jahre. Schau, wo es mehr oder weniger Entwicklung gab.

○ Ziehe daraus Deine Schlüsse und treffe diesbezüglich konkrete Entscheidungen für Deinen weiteren Lebensweg.

○ Notiere die momentan deutlichste Vision eines aus Deiner Sicht für Dich besseren Lebens. Fasse aus allen Punkten die darin vorhandenen Ängste wie auch Kraftquellen und Aspekte wie Erfolg, Freude und Herzensangelegenheiten zusammen und trage sie in die nachfolgende Tabelle (destruktiv/konstruktiv) ein. Schreibe ein zusammenfassendes »Schlusswort«, in dem Du das Wichtigste auf den Punkt bringst.

destruktiv (schöpfunsgwidrig)	konstruktiv (schöpfungskonform)

Das Beltanefest

Das Beltanefest

Das Beltanefest

Das Lithafest

Litha am 20.06.2020 um 23:44 Uhr ist wieder ein Sonnenfest. Die Sommersonnenwende hat, wie alle anderen Sonnenfest auch, keinen astronomisch festen Zeitpunkt, sondern liegt von Jahr zu Jahr zu einer anderen Zeit, aber immer zwischen dem 20. und 23. Juni. Mit ihr feiern wir den längsten Tag und die kürzeste Nacht im Jahreslauf. Auf dem Jahreskreis liegt Litha im Süden, zusammen mit dem Element Feuer, und das aus gutem Grund. Das Litha-Fest wird auch »die große Hochzeit« genannt, denn es ist unzweifelhaft die höchste Zeit eines jeden Jahres hinsichtlich des Lebens und der extrinsischen, nach Entfaltung strebenden Energien. Es wurde von unseren Vorfahren als die große Hoch-Zeit der Götter Baldur und Frigg gefeiert, die uns Fruchtbarkeit und Wachstum bringen, es ist aber auch der Anfang ihres langsamen Endes. Den Menschen ist in dieser Zeit ein Überfluss an frischen Lebensmitteln, an Kräutern, Früchten und Gemüse beschert. Die Tage sind scheinbar endlos lang, und die kurzen Nächte verhelfen nur zu dem nötigen Maß an Schlaf, um nur nichts vom Tag zu versäumen. Leichte und kurze Kleidung aus Hanf, Leinen, Flachs, feinster Baumwolle und Seide ist jetzt die bevorzugte Kleiderwahl. Die Natur wird genossen und die langen Abende für Gemeinschaft und geselliges Beisammensein genutzt. Sport, Reisen, Zelten, im Freien schlafen und lange Nächte am Lagerfeuer sind jetzt angesagt. Frische und Überfluss treffen auf Leichtigkeit und Lebensfreude. Alles scheint leichter von der Hand zu gehen, mehr Spaß zu machen und von ungewöhnlicher Kreativität getragen. Zu diesem Zeitpunkt hat die Sonne ihren höchsten Stand im Jahreslauf, und bis heute spielt für die Rituale und Feste dieser Hochzeit das Feuer eine zentrale Rolle. Je nach Region und Tradition wird es mit ähnlichen Ritualen, mit großen – und damit meine ich wirklich großen – Feuern begangen, mit Feuerrädern, die man die Hügel hinab rollt, mit brennenden Scheiben, die in die dunkle Nacht geschleudert werden. Es werden Sonnwendkränze aus Johanniskraut und Beifuß geflochten, Sommerkräuter gesammelt und die Leichtigkeit genossen. Es wird ausgelassen und zudem deutlich entspannter gefeiert als zu Beltane, denn jetzt ist man mitten im pulsierenden Leben, dessen Facettenreichtum man sich hingeben und genießen sollte. Das, was in den vorigen Monaten ausgesät und gepflegt wurde, ist im Reifen begriffen und benötigt etwas weniger Aufmerksamkeit als zuvor. Es bleibt neben der Arbeit reichlich Zeit, um die Sonne, den Sommer und all die Vielfalt zu genießen, die geradezu den Eindruck erweckt, als würde es nie mehr Mangel geben. Litha verbindet die Tierkreiszeichen Zwillinge und Krebs. Als Planeten sind diesem Hochfest der Merkur und der Mond zugeordnet. Aus dem Reich der Steine ist ihm die getrocknete Koralle (ein reines Kalkgebilde) zugeordnet, aus dem Reich der Tiere die Kuh und das Schwein, aus dem Reich der Pflanzen die Bäume Kastanie und Eiche sowie die Kräuter Johanniskraut und Melisse. Die beherrschende Farbe ist die des Südens: das Rot. Das zentrale Bild dieses Festes ist: der Höhepunkt des Lichtjahres und gleichzeitig der Beginn seines Sterbens. Die hauptsächlichen Themen um Litha sind: Genuss der frischen Beerenernte, die ganze Feuerkraft erleben und ausleben, aus dem Lebensfunken eine Lebensflamme entstehen lassen, Ausdehnung und Wachstum, mit Freunden das Litha-Feuer entzünden und/oder Sonnenräder von Bergen herab rollen, Beifuß- und Johanniskrautgürtel schnüren u. v. a. m.

Das Lithafest

Auf einen Blick

Position auf dem Jahreskreisrad: Der Süden und das Element Feuer

Ereignis: Sommersonnenwende

Termin: Litha am 20.06.2020 um 23:44 Uhr

Gefeiert wird: Litha oder Johanni

Qualität: Sonnenfest

Götter: Baldur und Frigg

Tierkreis: verbindet die Tierkreiszeichen Zwillinge und Krebs

Planeten: Merkur, Mond

Stein: Koralle

Farbe: Rot

Tiere: Kuh, Schwein

Bäume: Kastanie, Eiche

Kräuter: Johanniskraut, Melisse

Bild: der Höhepunkt des Lichtjahres und gleichzeitig der Beginn seines Sterbens

Themen: Genuss der frischen Beerenernte, die ganze Feuerkraft des Lebens genießen, Ausdehnung und Wachstum, Litha- oder Johannis-Feuer, Sonnenräder von Bergen herabrollen lassen, Beifußgürtel

Ausgleich/Regulation

Das Julfest oder Alban Arthan liegt im Norden des Jahreskreises, zusammen mit dem Element Erde, und somit dem Element Feuer und dem Litha-Fest im Süden genau gegenüber. Während Litha die Hochzeit des Lebens ist, beginnt mit Jul eine beschauliche Zeit, die geprägt ist von einer Rückbesinnung auf uns selbst und von Innenschau. Leben und Sterben, Hochzeit des Lebens und physischer Tod sind zwei Gegensatzpaare, die für Litha und Jul stehen und die sich ausgleichen. Während zu Litha die äußeren Schätze im Vordergrund stehen, sind es zu Jul die verborgenen inneren Schätze, jene, die in uns liegen und darauf warten, geborgen zu werden. Wie Litha ist Jul die Zeit, in der man sich mit Freunden trifft, mehr Zeit mit der Familie verbringt, jedoch weniger im Freien als vielmehr in der Geborgenheit des Heims und am prasselnden Feuer des Kamins.

Was wir nicht tun sollten

Die Augen vor dem wahren Leben und dessen Leichtigkeit verschließen und uns selbst unnötigen Druck machen. Vieles geschieht nun mit großer Leichtigkeit, das sollten wir für uns nutzen, ohne daraus destruktiven Stress zu generieren.

Das Lithafest

○ Bitte formuliere eine kurze Einschätzung der allgemeinen Lage (Politik, Wirtschaft, Gesellschaft usw.), möglichst neutral, so wie Du sie im Moment wahrnimmst.

○ Beschreibe kurz, wie es Dir gerade ganz persönlich geht und wie Du Dich fühlst (seelisch, körperlich, geistig, zwischenmenschlich, berufungsmäßig usw.).

○ Vergleiche und überprüfe die beiden oberen Punkte, also die Welt um Dich herum und wie Du Dich gerade fühlst, mit den Aspekten der aktuellen Hochzeit. Notiere dabei genau, was für Dich stimmig ist und was nicht.

○ Beschäftige Dich eingehender mit den Aspekten, welche besonders auf Deine derzeitige Situation zutreffen, arbeite das Wesentliche heraus und ziehe ein Resümee.

○ Halte den aktuellen Status Deiner Projekte fest. Bei mehreren Projekten gehst Du auf jedes einzelne ein und ziehst am Ende ein Resümee, wie Du den Stand der Projekte als Ganzes siehst.

○ Schau Dir dann auch an, was Du daraus für Schlüsse ziehen kannst, was Du zukünftig möglicherweise zu Deinen Gunsten verändern oder anders entscheiden kannst.

○ Vergleiche, wenn Du schon die vergangenen Jahre mit diesem Jahreskreisbuch gearbeitet hast, Deine heutigen Feststellungen mit denen vergangener Jahre. Schau, wo es mehr oder weniger Entwicklung gab.

○ Ziehe daraus Deine Schlüsse und treffe diesbezüglich konkrete Entscheidungen für Deinen weiteren Lebensweg.

○ Notiere die momentan deutlichste Vision eines aus Deiner Sicht für Dich besseren Lebens. Fasse aus allen Punkten die darin vorhandenen Ängste wie auch Kraftquellen und Aspekte wie Erfolg, Freude und Herzensangelegenheiten zusammen und trage sie in die nachfolgende Tabelle (destruktiv/konstruktiv) ein. Schreibe ein zusammenfassendes »Schlusswort«, in dem Du das Wichtigste auf den Punkt bringst.

destruktiv (schöpfunsgwidrig)	konstruktiv (schöpfungskonform)

Das Lithafest

Das Lithafest

Das Lithafest

Das Lughnasadfest

Lughnasad oder Lamas am 03.08.2020 um 17:58 Uhr ist wieder ein Mondfest und wird zum zweiten Vollmond nach dem Sonnenfest Litha, der Sommersonnenwende, gefeiert. Christliche Eiferer haben versucht, Litha mit dem Schnitterfest zu überdecken, das meist am 1. oder 2. August begangen wird. Das hat auch als „Pflichttermin" in kirchlich christlich dominierten Gemeinden über viele viele Generationen funktioniert. Doch so leicht lassen wir, die sich um die schöpfungskonformen Prozesse um uns herum bemühen, nicht täuschen oder verwirren. Lughnasad liegt auf dem Jahreskreis im Süd-Westen und damit im Reich der Pflanzen. Das Lughnasad-Fest leitet in der Regel die großen Ernten ein, vor allem die der Massenerträge wie Getreide und Obst. Es begannen für unsere Vorfahren und beginnen auch für uns heute, die härtesten und arbeitsintensivsten Wochen des Jahres. Bei den heutigen Landwirten, Obst- und Weinbauern ist dies gut zu beobachten. Der größte Teil der Jahresernte muss in den nächsten Wochen nicht nur eingeholt, sondern auch verarbeitet und für die Winterzeit haltbar gemacht werden. Doch nicht nur die großen Ernten des kultivierten Anbaus stehen erntereif auf den Feldern. Die gesamte Pflanzenwelt kommt in dieser Zeit zu ihrer Reife und bemüht sich, ihre Samen für das kommende Jahr erfolgreich auszusäen. Es wird jedoch nicht nur auf den Feldern fleißig gearbeitet. Der August ist der Monat der heilkräftigsten Kräuter, die bis zum nächsten Vollmond gesammelt und hergerichtet werden wollen, sollen sie auch weiterhin ihre Heilwirkung behalten. Schauen wir uns an, was in dieser Zeit zu leisten ist, wird schnell klar, weshalb der Jahreskreis, zwischen dem letzten Sonnenfest Litha und dem jetzigen Lughnasad, etwas mehr Zeit für Müßiggang und Freizeitvergnügen gewährte. Jetzt werden alle noch mobilisierbaren Kräfte benötigt um alle Ernten die erreichbar sind einzuholen. Lughnasad ist die wahrhafte Mittsommerzeit, die echte Mitte und Hochzeit des Sommers, nur bei Ikea ist das anders. Obgleich das helle Halbjahr schon seit Litha auf dem Rückzug, dem absteigende Pfad unterwegs, die Sonne jeden Tag weniger präsent ist, haben wir meist jetzt erst die heißeste Zeit des Jahres. Entsprechend leicht ernähren und kleiden wir uns, suchen Abkühlung und den Schatten. Der Volksmund spricht von den »Hundstagen«, da es so heiß ist, dass sich kein Hund aus dem Schatten traut. Die Hitze, auch wenn sie manchmal sehr zu belasten scheint, schützt uns bei all der harten körperlichen Arbeit vor Verletzungen, zumindest trifft das auf unsere noch überwiegend körperlich arbeitenden Vorfahren zu. Diese Hitze hilft uns zum einen, das vor allem körperliche Maximum aus uns rauszuholen, uns andererseits aber auch schnell wieder zu erholen. Für unsere Ahnen war es mit die bedeutendste Zeit des Jahres, denn das was sie jetzt ernteten, musste bis zum nächsten Frühjahr ausreichen, für Ernährung und die nächste Aussaat. Hier wurde eine Verantwortung und Weitsicht verlangt, die wir heute nicht mehr kennen, ja kaum nachvollziehen können. Sie ehrten mit diesem Fest die Götter Lugh, Baldur und Diana und baten um eine gute und reichliche Ernte. Astrologisch gesehen liegt dieses Fest auf dem Höhepunkt des Tierkreiszeichens Löwe, und wie es sich für ein solches Feuerzeichen gehört, ist ihm der Planet Sonne zugeordnet. Entsprechend ist die vorherrschende Farbe das sehr dunkle Rot. Weitere Zuordnung sind: aus dem Reich der Steine der Hämatit, aus dem Reich der Tiere der Adler, aus dem Reich der Pflanzen die Sträucher Weißdorn und Wacholder sowie die Kräuter Salbei und Rosmarin. Das zu dieser Zeit passende Bild ist der Beginn der Getreideernte und der goldgelben Getreidefelder. Die vorherrschenden Themen sind das Ende des Wachstums, die ersten Ernten, die Reifung der wichtigsten Kräuter, die beginnende Vorbereitungen auf das dunkle Halbjahr.

Das Lughnasadfest

Auf einen Blick

Position auf dem Jahreskreisrad: Der Süd-Westen und das Reich der Pflanzen
Ereignis: Mittsommer
Termin: 03.08.2020 um 17:58 Uhr
Gefeiert wird: Lughnasad oder Lamas oder auch Schnitterfest
Qualität: ein Mondfest
Götter: Lugh, Baldur, Diana
Tierkreis: Löwe
Planet: Sonne
Stein: Hämatit
Farbe: Rotschwarz
Tier: Adler
Sträucher: Weißdorn, Wacholder
Kräuter: Salbei, Rosmarin
Bild: Anfang der Getreideernte
Themen: das Ende des Wachstums, die ersten Ernten beginnen, die wichtigsten Kräuter reifen und können geerntet werden, die Vorbereitungen für das dunkle Halbjahr stehen an

Ausgleich/Regulation

Mit Imbolc wird der Mittwinter gefeiert, es ist die kälteste des ganzen Jahres, die der wärmsten um Lughnasad gegenübersteht. Auf dem Rad des Jahreskreises liegt Imbolc im Nord-Osten, mitten im Reich der Menschen. Ob die bisherigen jahreszeitlichen Bemühungen erfolgreich waren, wird sich nun ab Lughnasad zeigen. Während es mit Imbolc für uns Menschen langsam wieder Zeit wird, ins Tun zu kommen und uns über die Vorbereitungen für die nahe Aussaat Gedanken zu machen, gehen wir ab beziehungsweise um Lughnasad an die Grenzen unserer Leistungsfähigkeit, um die Ernte einzuholen. Kalt und heiß, Mangel und Überfluss, Vorbereitung und Ergebnis, Trägheit und Vollgas, Werden und Sein stehen, wenn sorgsam mit den Qualitäten der Hochzeiten umgegangen wurde, im Ausgleich.

Was wir nicht tun sollten

Untätigkeit, Unentschlossenheit, Bequemlichkeit und Faulheit stehen in Opposition zu dem, was jetzt angesagt und nötig ist, nämlich ranklotzen, um die Ernte, um die Früchte unserer Arbeit einzuholen.

Das Lughnasadfest

○ Bitte formuliere eine kurze Einschätzung der allgemeinen Lage (Politik, Wirtschaft, Gesellschaft usw.), möglichst neutral, so wie Du sie im Moment wahrnimmst.

○ Beschreibe kurz, wie es Dir gerade ganz persönlich geht und wie Du Dich fühlst (seelisch, körperlich, geistig, zwischenmenschlich, berufungsmäßig usw.).

○ Vergleiche und überprüfe die beiden oberen Punkte, also die Welt um Dich herum und wie Du Dich gerade fühlst, mit den Aspekten der aktuellen Hochzeit. Notiere dabei genau, was für Dich stimmig ist und was nicht.

○ Beschäftige Dich eingehender mit den Aspekten, welche besonders auf Deine derzeitige Situation zutreffen, arbeite das Wesentliche heraus und ziehe ein Resümee.

○ Halte den aktuellen Status Deiner Projekte fest. Bei mehreren Projekten gehst Du auf jedes einzelne ein und ziehst am Ende ein Resümee, wie Du den Stand der Projekte als Ganzes siehst.

○ Schau Dir dann auch an, was Du daraus für Schlüsse ziehen kannst, was Du zukünftig möglicherweise zu Deinen Gunsten verändern oder anders entscheiden kannst.

○ Vergleiche, wenn Du schon die vergangenen Jahre mit diesem Jahreskreisbuch gearbeitet hast, Deine heutigen Feststellungen mit denen vergangener Jahre. Schau, wo es mehr oder weniger Entwicklung gab.

○ Ziehe daraus Deine Schlüsse und treffe diesbezüglich konkrete Entscheidungen für Deinen weiteren Lebensweg.

○ Notiere die momentan deutlichste Vision eines aus Deiner Sicht für Dich besseren Lebens. Fasse aus allen Punkten die darin vorhandenen Ängste wie auch Kraftquellen und Aspekte wie Erfolg, Freude und Herzensangelegenheiten zusammen und trage sie in die nachfolgende Tabelle (destruktiv/konstruktiv) ein. Schreibe ein zusammenfassendes »Schlusswort«, in dem Du das Wichtigste auf den Punkt bringst.

destruktiv (schöpfunsgwidrig)	konstruktiv (schöpfungskonform)

Das Lughnasadfest

Das Lughnasadfest

Das Lughnasadfest

Das Mabonfest

Mabon am 22.09.2020 um 15:31 Uhr ist, wenn bis hierhin das Wetter den Jahreszeiten entsprechend mitgespielt hat, die echte, die wahre Zeit der Fülle und des Überflusses. Es ist Zeit zu Danken, denn der Großteil der Ernte ist eingebracht und noch weitgehend frisch und inspiriert zu einer Fülle an Köstlichkeiten. Es sind die Tage um die Herbsttagundnachtgleiche, wieder ein Sonnenfest und wie die Frühjahrstagundnachtgleiche eine Zeit der Entscheidungen. Von Jahr zu Jahr liegt die Herbsttagundnachtgleiche und somit Mabon, stets ein wenig anders, doch immer zwischen dem 21. und 23. September. Auf dem Jahreskreis liegt Mabon im Westen, zusammen mit dem Element Wasser. Land auf Land ab werden ab jetzt und für die nächsten Wochen, die Erntedankfeste gefeiert. Der Großteil der Ernten ist eingeholt und die schwerste Arbeit getan. Die Wein- und Obsternten tragen mit den frisch angegorenen jungen Weinen, dem Raucher und Federweißen, wenn sie in Maßen genossen werden, zum Überschwang und zur Ausgelassenheit dieser Feste bei. Wer allerdings als Mensch nicht gefestigt ist und seine Verantwortung vergisst, kann in der Zeit der Erntedankfeste leicht von der »rechten Bahn« abkommen. Leicht kann man kurzzeitig den Verführungen des Alkohols und des Überflusses erliegen, jedoch mit schlimmen Folgen und damit meine ich nicht den Kater am nächsten Tag. Für einige Menschen ist es deshalb die gefährlichste Zeit des Jahres, denn trotz der von Fülle gesegneten Feste gilt es weiterhin, die kleineren späten Ernten auch noch einzubringen, dies Gesamternte gut zu verarbeiten und für die Winterzeit haltbar zu machen. Die Arbeit wird womöglich leichter, allerdings noch nicht wirklich weniger, ganz im Gegenteil. Die gesamte Ernte muss sorgsam geprüft, sortiert, abgewägt und bewertet werden. Was nicht mehr haltbar zu machen oder zu verarbeiten ist muss einer möglichen anderen Verwertung zugeführt werden. Von dem, was eingeholt und für gut befunden wurde muss abgeschätzt werden, was wie lange bevorratet werden kann. Von dem Geernteten geht vor dem Einlagern als Überwinterungsvorrat für Mensch und Tier, vor allem die Aussaatmenge für das kommende Frühjahr ab und ist zu sichern. Überschüsse wie auch Defizite sind sorgfältig festzuhalten, genau zu berechnen. Es ist festzustellen, was an Überschüssen gegen dringend benötigte Dinge eingetauscht oder bezahlt werden kann. Hierfür ist bis Samhain Zeit, was bis dahin nicht erledigt wurde, ist nicht mehr zu schaffen. Wer zwischen Mabon und Samhain zu viel Zeit auf den Festen verbringt, wird nicht nur im Winter, sondern auch im kommenden Frühjahr seine Probleme bekommen. Die Zeit der Ernte dessen, was im Frühjahr ausgebracht wurde, bezieht sich auch auf unseren heutigen „modernen" Alltag und unsere Projekte. Und selbst wenn es bis hierher nicht gut gelaufen ist, so ist zumindest das Wenige sorgsam einzubringen. Es sollte keine Energie dahingehen verschwendet werden, jetzt noch etwas neu zu starten, denn alle Energien des Jahreskreises stehen einem Neubeginn entgegen. Aus dem Wenigen das Beste zu machen, entspricht genau dieser Zeit. Mabon haben unsere Vorfahren ihren Göttern Demeter und Herne widmet. Im astrologischen Sinne verbindet Mabon die Tierkreiszeichen Jungfrau und Waage, die Jungfrau-Zeit endet und die Waage-Zeit beginnt. Diesem Fest ist als Planet der Merkur zugeordnet und aus dem Reich der Steine der Lapislazuli der anzeigt, dass die Farbe Blau nun die Vorherrschende ist. Aus dem Reich der Tier ist die Schlange diesem Fest zugehörig, aus dem Reich der Pflanzen sind es die Bäume Walnuss und Quitte sowie die Kräuter Goldrute und Majoran. Das Bild, welches die Qualität dieser Zeit am besten wiedergibt, sind Fülle und Überfluss, volle Lager und Speicher.

Das Mabonfest

Auf einen Blick

Position auf dem Jahreskreisrad: Der Westen und das Element Wasser
Ereignis: Herbsttagundnachtgleiche
Termin: 22.09.2020 um 15:31 Uhr
Gefeiert wird: Mabon oder Erntedank
Qualität: Sonnenfest
Götter: Demeter, Herne
Tierkreis: verbindet die Tierkreiszeichen Jungfrau und Waage
Planet: Merkur
Stein: Lapislazuli
Farbe: Blau
Tier: Schlange
Bäume: Walnuss, Quitte
Kräuter: Goldrute, Majoran
Bild: Fülle und Überfluss
Themen: die Ernte ist einzubringen, zu verarbeiten und Vorräte für den Winter anzulegen, es ist auch die Zeit, Fülle und Überfluss ausgiebig zu feiern, von allem gibt es jetzt genug und alles ist noch frisch, es bedeutet aber auch, darauf zu achten, dass über das Feiern die Vorbereitungen für den Winter nicht vergessen werden, denn das könnte schlimme Folgen haben

Ausgleich/Regulation

Der ausgleichende Pol Mabons ist Ostara; Zu beiden Ereignissen sind Tag und Nach gleichlang. Allerdings liegt Ostara mitten in der aufsteigenden Hälfte des Sonnenjahres, Mabon dagegen in der absteigenden, anstatt aufwärts und hin zu länger werdenden Tagen und kürzer werdenden Nächten bewegen wir uns nun in Richtung längerer Nächte und kürzerer Tage. Auch wenn wir das erst einmal als betrüblich wahrnehmen, so ist es doch nötig und sinnvoll, denn wir benötigen nun mehr Ruhe und Schlaf, um uns von der anstrengenden Erntezeit zu erholen. Das »Nun geht es los« findet im »Es ist geschafft« seinen Ausgleich.

Was wir nicht tun sollten

Faul und unaufmerksam sein, an Sorgfaltspflicht sollte es nicht mangeln, keine neuen Projekte beginnen oder sich von Luftschlössern vom Tun abhalten lassen.

Das Mabonfest

- ○ Bitte formuliere eine kurze Einschätzung der allgemeinen Lage (Politik, Wirtschaft, Gesellschaft usw.), möglichst neutral, so wie Du sie im Moment wahrnimmst.

- ○ Beschreibe kurz, wie es Dir gerade ganz persönlich geht und wie Du Dich fühlst (seelisch, körperlich, geistig, zwischenmenschlich, berufungsmäßig usw.).

- ○ Vergleiche und überprüfe die beiden oberen Punkte, also die Welt um Dich herum und wie Du Dich gerade fühlst, mit den Aspekten der aktuellen Hochzeit. Notiere dabei genau, was für Dich stimmig ist und was nicht.

- ○ Beschäftige Dich eingehender mit den Aspekten, welche besonders auf Deine derzeitige Situation zutreffen, arbeite das Wesentliche heraus und ziehe ein Resümee.

- ○ Halte den aktuellen Status Deiner Projekte fest. Bei mehreren Projekten gehst Du auf jedes einzelne ein und ziehst am Ende ein Resümee, wie Du den Stand der Projekte als Ganzes siehst.

- ○ Schau Dir dann auch an, was Du daraus für Schlüsse ziehen kannst, was Du zukünftig möglicherweise zu Deinen Gunsten verändern oder anders entscheiden kannst.

- ○ Vergleiche, wenn Du schon die vergangenen Jahre mit diesem Jahreskreisbuch gearbeitet hast, Deine heutigen Feststellungen mit denen vergangener Jahre. Schau, wo es mehr oder weniger Entwicklung gab.

- ○ Ziehe daraus Deine Schlüsse und treffe diesbezüglich konkrete Entscheidungen für Deinen weiteren Lebensweg.

- ○ Notiere die momentan deutlichste Vision eines aus Deiner Sicht für Dich besseren Lebens. Fasse aus allen Punkten die darin vorhandenen Ängste wie auch Kraftquellen und Aspekte wie Erfolg, Freude und Herzensangelegenheiten zusammen und trage sie in die nachfolgende Tabelle (destruktiv/konstruktiv) ein. Schreibe ein zusammenfassendes »Schlusswort«, in dem Du das Wichtigste auf den Punkt bringst.

destruktiv (schöpfunsgwidrig)	konstruktiv (schöpfungskonform)

Das Mabonfest

… Das Mabonfest

Das Mabonfest

Das Samhainfest

Samhain am 15.11.2020 um 07:07 Uhr markiert die Herbstmitte und liegt auf dem Jahreskreis im Nord-Westen, mitten im Reich der Ahnen. Ursprünglich, und so halten es noch heute viele, die sich mit den alten Pfaden beschäftigen, wurde das Ahnenfest zum zweiten Vollmond nach Mabon gefeiert. Für unsere keltischen Vorfahren war es der Jahreswechsel und der Beginn des dunklen Halbjahres. Allerdings ist dies für mich und viele andere nicht (mehr) ganz passend, und zwar aus mehreren Gründen: Zum einen ist die Energie des Vollmondes für eine Hochzeit des Vergehens und des Rückzugs nicht stimmig, zum anderen sind auch die jahreszeitlichen Veränderungen zu berücksichtigen, da die Jahreskreisfeste ja genau diese widerspiegeln sollen. Denn tatsächlich ist klimatisch gesehen der Herbst seit den 1950er Jahren um über 24 Tage länger geworden. Folgerichtig sollte sich auch die Zeit des Samhain-Festes verschieben. Dem trägt die Position des Schwarzmondes als »neue Samhain-Position« Rechnung und sorgt für die Übereinstimmung des Jahreskreises mit den tatsächlichen Ereignissen in der Natur. Für beinahe alle Menschen des westlichen Kulturkreises war, ist und bleibt Samhain, im christlichen Kontext auch Allerheiligen, Allerseelen oder Totenklag genannt, das Fest unserer Ahnen. Zu dieser Zeit sind, wie auch zu Beltane, die Schleier zwischen den Welten besonders durchlässig, sowohl wir als auch unsere Ahnen finden leicht den Weg zur jeweils anderen Seite. Doch anstelle von lebenslustigen und wachstumsorientierten Wesen kommen in diesen Tagen die Ahnen zu Besuch in unsere Welt. Auch wir Lebenden haben es zu dieser Zeit leicht, in das Reich der Ahnen zu reisen, um mit ihnen in direkten Kontakt zu treten, mit ihnen ins Reine zu kommen, Vereinbartes und längst Vergangenes zu lösen, sie um Unterstützung zu bitten und so einiges mehr. Es ist eine wichtige Zeit für unsere Ahnen und noch mehr für uns Lebende, denn durch den engen Kontakt zu ihnen können wir vieles aus der Vergangenheit lernen, auf einen unendlichen Erfahrungsschatz zugreifen und dadurch bessere Entscheidungen für unser jetziges und zukünftiges Leben treffen. Unsere Ahnen sind jene, die vor uns waren, ohne die es uns nicht gäbe und deren Entwicklungslinien zu uns führen, die uns unsere ersten Selbstkonzepte mitgaben als wir Kinder waren. Der Kontakt zu unseren Ahnen und das Lernen aus der Vergangenheit geben uns die Chance, aus lange währenden Teufelskreisen auszusteigen und aufzuhören, immer wieder die gleichen Fehlentscheidungen zu treffen. Das Reich der Ahnen ist der Ort, an den auch wir einmal unwiderruflich gelangen werden, jeder zu seiner Zeit. Und so wie wir hoffen, dass nach unserer Zeit an uns gedacht wird, so sollten wir auch an unsere Ahnen denken.

Mit Samhain endet die Erntezeit, die gefüllten Lager werden verschlossen und winterfest gemacht. Alles, was noch auf den Feldern und in der Natur zu finden ist oder im Boden ruht, wird nicht mehr angerührt, es ist für die feinstofflichen Helfer und die Wildtiere, die ebenso eine harte Zeit vor sich haben. Zu Samhain schlachteten unsere Ahnen die Tiere, die nicht über den Winter gebracht werden konnten oder sollten, ihr Fleisch wurde für den Winter haltbar bemacht, damit sie es bis zum nächsten Beltanefest schaffen und das neue Leben begrüßen und feiern konnten.

Mit Samhain kehrt das erste Mal nach den anstrengenden Monaten etwas Ruhe ein, auch wenn es manchem vielleicht schwerfällt, das Tempo zu drosseln. So wie zu Beltane das Leben mit maximaler Kraft in das Sein drängt und sich dabei verausgabt, so zieht es sich ab Samhain wieder zurück, um sich zu erholen und Kraft zu sammeln, um für die nächste Explosion des Lebens

Das Samhainfest

und der Vielfalt gerüstet zu sein. Nicht ohne Grund endete für unsere keltischen Vorfahren zu Samhain das alte Jahr und das neue begann. Samhain war für sie ein derart wichtiges Fest, dass die christliche Kirche es gleich mit einer ganzen Reihe von Feiertagen »umzingelte«, beispielsweise Reformationstag, Allerheiligen und Allerseelen. Für unsere Vorfahren war Samhain das Fest ihrer Götter Hel und Hekate. Astrologisch gesehen sind Samhain dem Tierkreiszeichen Skorpion zugeordnet sowie der Pluto als Stern. Aus dem Reich der Steine ist der Obsidian erste Wahl und die Farbe Dunkelblau die passende. Als Vertreter des Tierreiches sind es der Rabe und der Wolf, die zu Samhain im Vordergrund stehen, aus dem Reich der Pflanzen die Bäume Eibe und Erle, der Strauch Efeu und was die Kräuter betrifft alle Nachtschattengewächse. Das zentrale Bild dieser Zeit sind die transparenten und durchlässigen Tore zwischen den Welten. Die zentralen Themen sind das Ahnenfest, Kontaktaufnahme mit den Ahnen und mit ihnen die noch offene Fragen klären, Auflösung und Zerfall, das Abschließen der letzten Wintervorbereitungen.

Auf einen Blick

Position auf dem Jahreskreisrad: der Nord-Westen und das Reich der Ahnen
Ereignis: Herbstmitte
Termin: 15.11.2020 um 07:07 Uhr
Gefeiert wird: Samhain oder Allerheiligen, Allerseelen
Qualität: Mondfest
Götter: Hel, Hekate
Tierkreis: Skorpion
Planet: Pluto
Stein: Obsidian
Farbe: Schwarzblau
Tiere: Rabe, Wolf
Bäume: Eibe, Erle
Strauch: Efeu
Kraut: Nachtschattengewächse
Das Bild: die Tore zwischen den Welten werden transparent und durchlässig
Themen: das Ahnenfest, Kontaktaufnahme mit den Ahnen, mit ihnen noch offene Fragen klären, es ist auch das Ende des fruchtbaren Jahres, die Tiere, die nicht über den Winter gebracht werden können oder sollen, werden geschlachtet, die letzten Wintervorbereitungen sollten abgeschlossen sein

Ausgleich/Regulation

Beltane ist der ausgleichende Pol zu Samhain. Loslassen und Rückzug stehen mit Lebenslust und freier Entfaltung im Ausgleich, sie bedingen einander wie alle Positionen des Jahreskreis sich gegenseitig bedingen, sich stärken, ausgleichen und aufeinander aufbauen, damit alle ihren Platz, ihren Raum einnehmen können. So, und nur so, dreht sich das ewige Rad des Jahreskreises. Zur Erinnerung: die typischen Beltane-Themen sind ungehemmte Lebenslust, ausgelassenes Feiern, die Regeln und Gesetze sind an diesem Tagen und um diesem herum aufgehoben: alles ist erlaubt, es darf nur niemandem schaden, Schelmerei und Schabernack sind angesagt.

Was wir nicht tun sollten

Vergessen runterzuschalten, die Schlagzahl hochhalten und uns gleich wieder in die nächsten Aktivitäten/Projekte stürzen.

Das Samhainfest

○ Bitte formuliere eine kurze Einschätzung der allgemeinen Lage (Politik, Wirtschaft, Gesellschaft usw.), möglichst neutral, so wie Du sie im Moment wahrnimmst.

○ Beschreibe kurz, wie es Dir gerade ganz persönlich geht und wie Du Dich fühlst (seelisch, körperlich, geistig, zwischenmenschlich, berufungsmäßig usw.).

○ Vergleiche und überprüfe die beiden oberen Punkte, also die Welt um Dich herum und wie Du Dich gerade fühlst, mit den Aspekten der aktuellen Hochzeit. Notiere dabei genau, was für Dich stimmig ist und was nicht.

○ Beschäftige Dich eingehender mit den Aspekten, welche besonders auf Deine derzeitige Situation zutreffen, arbeite das Wesentliche heraus und ziehe ein Resümee.

○ Halte den aktuellen Status Deiner Projekte fest. Bei mehreren Projekten gehst Du auf jedes einzelne ein und ziehst am Ende ein Resümee, wie Du den Stand der Projekte als Ganzes siehst.

○ Schau Dir dann auch an, was Du daraus für Schlüsse ziehen kannst, was Du zukünftig möglicherweise zu Deinen Gunsten verändern oder anders entscheiden kannst.

○ Vergleiche, wenn Du schon die vergangenen Jahre mit diesem Jahreskreisbuch gearbeitet hast, Deine heutigen Feststellungen mit denen vergangener Jahre. Schau, wo es mehr oder weniger Entwicklung gab.

○ Ziehe daraus Deine Schlüsse und treffe diesbezüglich konkrete Entscheidungen für Deinen weiteren Lebensweg.

○ Notiere die momentan deutlichste Vision eines aus Deiner Sicht für Dich besseren Lebens. Fasse aus allen Punkten die darin vorhandenen Ängste wie auch Kraftquellen und Aspekte wie Erfolg, Freude und Herzensangelegenheiten zusammen und trage sie in die nachfolgende Tabelle (destruktiv/konstruktiv) ein. Schreibe ein zusammenfassendes »Schlusswort«, in dem Du das Wichtigste auf den Punkt bringst.

destruktiv (schöpfunsgwidrig)	konstruktiv (schöpfungskonform)

Das Samhainfest

Das Samhainfest

Das Samhainfest

Die Rauhnächte

Die Rauhnächte

Im Zeitraum vom 14.12. um 18:16 Uhr bis 21.12.2020 um 11:02 Uhr liegen die diesjährigen Rauhnächte. Sie beginnen genau mit dem Scharzmond vor Jul, der Wintersonnenwende. Damit besteht nun bis zu ihrem Ende kein Jahreskreis, es ist die Zeit zwischen den Jahren, dem Mondjahr und dem Sonnenjahr, das mit der Wintersonnenwende am 21.12.2020 um 11:02 Uhr endet und neu beginnt. Ab diesem Zeitpunkt, der auch gleichzeitig das Ende der Raunächte ist, beginnt der neue Jahreskreis, denn nun ist er wieder komplett, Sonnenjahr und Mondjahr wurden durch die Rauhnächte verbunden. Da im Kalenderjahr 2019 die Raunächte fünf Tage nach Jul liegen, und der kommende Jahreskreis der durch das Kalenderjahr 2020 läuft 8 Tage vor der Wintersonnenwende in 2020 liegt, wird der kommende Jahreskreis 355 Tage lang sein.

Die echte Zeit zwischen zwei echten Jahren, dem Mondjahr und dem Sonnenjahr, das sind die wahren Rauhnächte! Sie sind ein Ereignis in der Natur und Schöpfung und haben nichts mit den „traditionellen" und kalendarisch festgelegten 12 Raunächten zu tun, die sind Fantasie, Willkür und Wunschvorstellung und sollen von den natürlichen Ereignissen ablenken. Sie sind nicht nur eine fiktive, sondern, eine tatsächliche Zwischenzeit. Sie liegt nicht nur zwischen der Wintersonnenwende und dem ihr am nächsten liegenden Schwarzmond, der energetisch schwächsten Zeit von Sonne und Mond, sondern ist auch das »Tor zwischen den Welten«. Nach altem germanischem Glauben fegt während der Rauhnächte Odin (Wodan) mit seinem wilden Heer übers Land und nimmt jeden mit, der sich im Freien aufhält. Während der Rauhnächte sollte daher keine Wäsche im Freien aufgehängt werden oder Seile gespannt sein, da sich sonst die wilden Horden in ihnen verfangen und Unheil über den Hof bringen. In unserem Alltagsbewusstsein sind wir meist getrennt von »den anderen Welten«, der Welt in uns, dem Teil der realen Welt, die wir mit unseren wenigen und verkümmerten Sinnen wahrnehmen, und den Anderswelten, die wir von unserer Wahrnehmung abgespalten haben. Dabei gehören die Anderswelten ebenso zu der einen »realen Welt« wie unsere Alltags- und Innenwelt. Weit vor der christlichen Zeitrechnung wussten frühere Kulturen, dass diese drei Welten, Alltagswelt, Innenwelt und Anderswelt eins sind, besser gesagt gab es für sie keine Trennung zwischen diesen, alles war eins. Die bis heute noch bestehende Symbolik alter Kulturen zeigt uns nicht nur deren hohen Bewusstseinsstand, sondern auch, dass wir Menschen nur in dieser Einheit unser schöpferisches Potential nutzen können, so wie es einmal war und wie wir es wieder erreichen können. Und um die Auflösung der Trennung von Alltags-, Innen- und Anderswelt können wir uns besonders gut während der Rauhnächte bemühen. Generell sollten wir immer daran arbeiten, diese meist getrennten Wahrnehmung von Welten aufzulösen, in dem wir unsere Wahrnehmung zunehmend erweitern und damit diese getrennten Welten mehr und mehr wieder zu einer Wahrnehmung vereinen. Durch Ritualarbeit, Meditation und weiteres zielgerichtetes Arbeiten an diesen Themen können wir dieser Bewusstseinserweiterung in den Rauhnächten wieder echte Bedeutung zukommen lassen, und nicht nur symbolische. Wir können damit uns und unserer Entwicklung einen großen Vorschub leisten. Zu einer zielgerichteten Arbeit während der Rauhnächte gehört es, jene Dinge zu suchen, sich in Erinnerung zu rufen und wahrzunehmen, die wir im zurückliegenden Jahr nicht sehen wollten oder konnten, auf die vielleicht andere uns aufmerksam machten, wir es aber nicht hören oder sehen wollten. Es ist auch dran, das vergangene Jahr als Ganzes Revue passieren zu lassen, zu schauen was erledig wurde und es abzuschlie-

Die Rauhnächte

ßen, was noch offen ist zum Abschluss zu bringen, auch wenn es nur ein Zwischenabschluss ist, uns von allem zu trennen, was nicht in das nächste Jahr mitgenommen werden kann, soll oder will, all das gehört zu dieser Zeit der Reflektion. Somit sind die Rauhnächte mit konkreten Aufgaben verbunden. Einen sehr wesentlichen Beitrag hierfür leistet das rituelle Räuchern, und dies in dreifacher Hinsicht:

- Es hilft uns, so einiges klarer zu sehen und die Verbindung zwischen den Welten zu intensivieren, womit wir von dort Hilfe erfahren und dort gespeicherte Informationen erreichen können.
- Es bestärkt das Loslassen und Reinigen all jener Dinge, die nicht mehr zu uns gehören.
- Es fördert, das in alle Welten hinauszutragen, was wir aus der Reflektion des Jahres gelernt, an Erkenntnissen, Einsichten und Veränderungen für das kommende Jahr festgehalten und was wir für dieses an Entscheidungen getroffen haben. Neben der Analyse und der Reflektion des zurückliegenden Jahres ist ein sehr wichtiger Teil der Rauhnächtearbeit, zu konkreten Erkenntnissen zu kommen und ein klares Bild für das kommende Jahr zu erhalten. Allerdings sind keine Entschlüsse zu fassen, wie beispielsweise sechs Richtige im Lotto zu erzielen. Nein, es geht darum abzustecken, wie Du im nächsten Jahr als Mensch sein wirst, wie Du Deine Entscheidungen fällst, was Du für Ansprüche an Dich selbst hast, wie Du anderen Menschen begegnen und mit ihnen umgehen wirst, welchen Stellenwert Deine spirituelle Arbeit einnehmen wird, was Du für Dich selbst tun wirst, wie Du mit Deinem Umfeld und Deinen Projekten umgehst usw. hier ist das wirst und tust wichtig, nicht nur wollen, sondern Tun und Sein, nur darum geht es, Wollen ist für Wachstum und Veränderung viele viel zu schwach.

Die Rauhnächte

Auf einen Blick

Ereignis: Zeit zwischen Jul und dem diesem am nächsten stehenden Schwarzmond
Termin: 14.12. um 18:16 Uhr bis 21.12.2020 um 11:02 Uhr
Gefeiert wird: die Zeit zwischen den Jahren und Welten
Qualität: ein Mond- und Sonnenfest
Götter: Odin
Stein: Rauchquarze
Farbe: Grau (in verschiedenen Schattierungen)
Tiere: Bär, Eber, Rabe
Bäume: Eiche, Weide, Apfel
Sträucher: Hasel, Holunder, Schwarzdorn
Bild: die Vereinigung der drei Welten
Themen: Vereinigung der drei Welten, Abschluss des alten Jahreskreises und das Treffen von Entscheidungen für den neuen Jahreskreis, die einen als Mensch an sich betreffen.

Was wir nicht tun sollten

Über diese Zeit geschäftig hinwegzugehen, sollte tunlichst vermieden werden.

Das Julfest

Das Julfest

Das Julfest oder Alban Arthuan, das zur diesjährigen Wintersonnenwende am 21.12.2020 um 11:02 Uhr gefeiert wird, kennzeichnet im Jahreslauf den tiefsten Stand der Sonne, den kürzesten Tag und die längste Nacht im Jahr. Auf dem Rad des Jahreskreises liegt es zusammen mit dem Element Erde im Norden. Gefeiert werden das Sterben und die Wiederauferstehung des Lichtes, das Ende des alten Sonnenjahres und dessen Wiedergeburt. In diesem Jahr ist die Wintersonnenwende auch das Ende der Raunachtzeit und der Beginn des neuen Jahreskreises, der nun wieder vollständig ist. Für unsere Vorfahren standen die Götter Gaia, Ceredwen, Freyr, Frau Holle und die Nornen, die Schicksalsweberinnen, im Zentrum dieses Festes. Für uns beginnt mit diesem Fest eine geruhsame Zeit mit der Rückbesinnung auf uns selbst, mit intensiver Innenschau und der seelischen wie auch körperlichen Erholung und Regeneration. Angesagt und das Richtige für Körper, Geist und Seele sind beispielsweise Meditationen (aktive wie stille), sanfte Bewegungsübungen wie beispielsweise Runen-Qi-Gong und Meridian-Gymnastik, das Besuchen von Bäder- und Saunalandschaften, lange Spaziergänge, Massagen, Duftbäder, »Rumhängen«, Langeweile genießen, schlemmen und ähnliches. Indem wir in dieser Zeit den tieferen Geheimnissen in uns auf den Grund gehen, schaffen wir die Möglichkeit für die nächsten transformierenden Schritte. Es gilt, sich Zeit für sich zu nehmen, nur für sich. Auf diese Weise finden wir die verborgenen Schätze, die in uns liegen und darauf warten, geborgen zu werden, also das, worauf uns das Element Erde immer hinweist und erinnert. Dazu bedarf es dieser ruhigen und von puschenden Energien weitgehend freien Zeit zwischen Jul und Imbolc, dem nächsten Jahreskreisfest. Die Starre des Winters, des scheinbaren Todes, die kurzen Tage und schwache Sonneneinstrahlung, in Verbindung mit den langen Nächten und der jetzt wirksameren Mondenergie, gibt den feineren Kräften in und um uns den Raum, sich entfalten zu können. Schnell wird klar, dass der »scheinbare Tod« nur das Maximum an Ruhe und Rückzug ist. Indem wir es der Natur gleich tun, starten wir mit Imbolc in einem besseren, einem klareren und gut erholten Zustand in die nächste aktive Phase des Jahreskreises. Zu dieser Zeit gehört es auch, sich mit Freunden zu treffen, mehr Zeit mit der Familie zu verbringen, was vorher so nicht möglich war und was schon bald wieder so sein wird. Astrologisch gesehen verbindet Jul die Tierkreiszeichen Schütze und Steinbock, während der Saturn über einen sauberen Übergang von einem zum anderen wacht, dem Schützen Einhalt gebietet und dem Steinbock seinen Raum gibt. Aus dem Reich der Steine ist diesem Fest der Amethyst zugeordnet und dementsprechend die Farben Schwarzgrün und Dunkelviolett. Aus dem Reich der Tiere ist der Bär der passende Vertreter, aus dem Reich der Bäume sind es die Tanne und die Esche. Mit der Mistel und dem Zinnkraut tragen die Sträucher und Kräuter ihren Teil zu diesem Hochfest bei. Das zentrale Bild ist: Tod und Wiederauferstehung des Lichts, also keine großen Feuer, eher nur ein Teelicht, aus dem mehr werden kann, aber nicht jetzt.

Das Julfest

Auf einen Blick

Position auf dem Jahreskreisrad: Norden, zusammen mit dem Element Erde
Ereignis: Wintersonnenwende
Termin: 21.12.2020 um 11:02 Uhr
Gefeiert wird: Jul oder auch Alban Arthan
Qualität: ein Sonnenfest
Götter: Gaia, Ceridwen, Freyr, Frau Holle, die Nornen
Tierkreis: verbindet die Tierkreiszeichen Schütze und Steinbock
Planet: Saturn
Stein: Amethyst
Farbe: Schwarzgrün, Violett
Tier: Bär
Bäume: Tanne, Esche
Strauch: Mistel
Kraut: Zinnkraut
Bild: Tod und Wiederauferstehung des Lichts
Themen: still werden, das alte Lichtjahr verabschieden und das neue feiern, Einkehr, Innenschau und Erholung, die Seele baumeln lassen, Loslassen, Raum für Neues zulassen, jedoch ohne Erwartungen und treibende Energie

Ausgleich/Regulation

Gegenüber dem Julfest liegt auf dem Rad des Jahreskreises zusammen mit dem Element Feuer im Süden das *Lithafest* oder *Alban Hefin*, die Sommersonnenwende, auch Johanni genannt. Das Lithafest kennzeichnet den längsten Tag beziehungsweise die kürzeste Nacht des Jahres, es ist der Höhepunkt des Lichtes und zugleich dessen beginnender Tod. Auch hierin ist es der Ausgleich zu Jul, denn unbegrenztes Wachstum gibt es ebenso wenig wie einen endgültigen Tod. Bewegung und Transformation, Wärme, Aktivität, Flexibilität, Leben und Lebensfreude, Fülle und Überfluss an Frischem stehen der Fülle und Überfluss an haltbar Gemachtem und dem Rückzug und der Innenschau gegenüber. Litha ist somit der zwar andersartige, aber doch gleichwertige und damit ausgleichende Pol des Julfestes. Es zeigt uns, worauf wir uns wieder freuen können und wofür wir uns nun so richtig erholen und Kraft schöpfen sollten. Bald geht es in die Planung und Vorbereitung für diese sommerliche Hochzeit. Je besser diese ausfallen soll, umso ausgiebiger sollten wir die Ruhe genießen und für uns nutzen, denn die Anstrengungen und Strapazen des letzten Jahres sind noch gut in Erinnerung. All das, was wir ab Jul bis hin zu Ostara zu uns nehmen, stand zu Litha in Wachstum und Blüte. Wie gut wir in den nächsten Winter gehen können, hängt davon ab, wie gut wir uns in diesem regenerieren und zu uns finden, denn auch Litha und damit die Fülle und Ernte hängen genau davon ab.

Was wir nicht tun sollten

Ab der Wintersonnenwende bis zur Wintermitte, also vom Julfest bis Imbolc, sollten wir weder neue Projekte starten noch uns ernsthaft Gedanken um Dinge außerhalb von uns selbst machen, keine anstrengenden oder stressigen Freizeitaktivitäten suchen, nicht die Nächte durchfeiern oder gar durcharbeiten, nichts Neues beginnen, außer lose und unverbindlich in Gedanken damit zu spielen.

Das Julfest

○ Bitte formuliere eine kurze Einschätzung der allgemeinen Lage (Politik, Wirtschaft, Gesellschaft usw.), möglichst neutral, so wie Du sie im Moment wahrnimmst.

○ Beschreibe kurz, wie es Dir gerade ganz persönlich geht und wie Du Dich fühlst (seelisch, körperlich, geistig, zwischenmenschlich, berufungsmäßig usw.).

○ Vergleiche und überprüfe die beiden oberen Punkte, also die Welt um Dich herum und wie Du Dich gerade fühlst, mit den Aspekten der aktuellen Hochzeit. Notiere dabei genau, was für Dich stimmig ist und was nicht.

○ Beschäftige Dich eingehender mit den Aspekten, welche besonders auf Deine derzeitige Situation zutreffen, arbeite das Wesentliche heraus und ziehe ein Resümee.

○ Halte den aktuellen Status Deiner Projekte fest. Bei mehreren Projekten gehst Du auf jedes einzelne ein und ziehst am Ende ein Resümee, wie Du den Stand der Projekte als Ganzes siehst.

○ Schau Dir dann auch an, was Du daraus für Schlüsse ziehen kannst, was Du zukünftig möglicherweise zu Deinen Gunsten verändern oder anders entscheiden kannst.

○ Vergleiche, wenn Du schon die vergangenen Jahre mit diesem Jahreskreisbuch gearbeitet hast, Deine heutigen Feststellungen mit denen vergangener Jahre. Schau, wo es mehr oder weniger Entwicklung gab.

○ Ziehe daraus Deine Schlüsse und treffe diesbezüglich konkrete Entscheidungen für Deinen weiteren Lebensweg.

○ Notiere die momentan deutlichste Vision eines aus Deiner Sicht für Dich besseren Lebens. Fasse aus allen Punkten die darin vorhandenen Ängste wie auch Kraftquellen und Aspekte wie Erfolg, Freude und Herzensangelegenheiten zusammen und trage sie in die nachfolgende Tabelle (destruktiv/konstruktiv) ein. Schreibe ein zusammenfassendes »Schlusswort«, in dem Du das Wichtigste auf den Punkt bringst.

destruktiv (schöpfunsgwidrig)	konstruktiv (schöpfungskonform)

Das Julfest

Das Julfest

Das Julfest

Weitere Bücher von Norbert Paul

Der Neue Abendländische Schamanismus
Handbuch für ein Leben im Einklang mit der Schöpfung

Im Laufe vieler Jahre entwickelte Norbert Paul ein neues schamanisches Weltbild, das er den Neuen Abendländischen Schamanismus nennt. Neu und grundlegend ist der schlüssige, westlich orientierte Schöpfungsgedanke, der sich in der Schöpfungsspirale widerspiegelt. Aus dieser werden unter anderem das Medizinrad und das Lebensrad, welches ein kraftvolles Modell sowohl für den einzelnen Menschen als auch für ein ganzes und heiles Gemeinschaftsleben ist, sowie die physisch-psychische Elementelehre, die ähnlich gehandhabt werden kann wie die Organbezüge der „Fünf-Elemente-Lehre" der Traditionellen Chinesischen Medizin (TCM), abgeleitet.

Das Buch begnügt sich nicht mit Theorien und modellhaften Erklärungen: es enthält zahlreiche ausführliche Beschreibungen schamanischer Praktiken wie zum Beispiel Trance-Arbeit, Andersweltreisen, Feuerhüttenritual und Redestabritual. Atemübungen, verschiedene Meditationsformen, Körperübungen wie Meridian-Gymnastik und Runen-Qi-Gong und vieles mehr runden dieses Arbeitsbuch ab.

Das Buch bietet viele praktische Zugänge zu einer schöpfungsorientierten und wohltuend erdenden schamanischen Arbeits- und Lebensweise.

300 Seiten, Broschur, zahlr. s/w-Abb., ISBN 978-3-934291-64-5, **Preis: 19,80 Euro**

Runen-Qi-Gong für Gesundheit und Lebensfreude
Das Übungsbuch zum abendländischen Bewegungssystem

Das Runen-Qi-Gong ist das Bewegungssystem des Neuen Abendländischen Schamanismus, das von Norbert Paul entwickelt wurde und das die 24er Runenreihe in einem fließenden Ablauf ähnlich dem östlichen Qi-Gong oder Tai-Chi zusammenfasst.

Beim Ausüben des Runen-Qi-Gongs wird der gesamte Körper auf angenehme Weise bewegt. Es werden die Koordinationsfähigkeit und das Körpergefühl gesteigert sowie auch das Energiesystem des Körpers mit seinen Meridianbahnen, den Energieverteilungspunkten und auch das Chakrensystem aktiviert und stimuliert. Die starken physischen und energetischen Komponenten des Runen-Qi-Gongs machen es zu einem effektiven und alltäglichen Werkzeug, um Gesundheit, Vitalität und Lebensfreude zu verbessern beziehungsweise zu erhalten.

Mit diesem Buch ist es jedem möglich, Runen-Qi-Gong selbst zu erlernen. Neben einfachen Anleitungen und anschaulichen Fotos aller Runenstellungen und -übergänge enthält es allgemeine Informationen zu den einzelnen Runen.

160 Seiten, Broschur, zahlr. s/w-Abb., ISBN 978-3-934291-63-8, **Preis:14,80 Euro**

Alte Pfade – neue Wege
Zeitgemäße Naturspiritualität

Die Rückbesinnung auf das „alte Wissen" und das Beschreiten „alter Pfade" rücken mehr und mehr in den Fokus jener Menschen, die in der Gegenwart für sie nicht stimmige Lebensweisen und falsche Gesellschaftsstrukturen erkennen. Als Alternative entpuppt sich zunehmend eine naturspirituelle Weltsicht – doch hierfür ist es wichtig, die „gute alte Zeit" nicht zu verklären und zu romantisieren und vor allem nicht unreflektiert ins Heute zu übertragen. Auf alten Pfaden neue Wege zu beschreiten und dabei eine sachliche Position zum Vergangenen einzunehmen, das ist es, was nötig ist, um mit dem uns übertragenen schamanisch-druidischen beziehungsweise keltisch-germanischen Erbe Lösungen für unsere heutigen Probleme zu finden – und Lösungsansätze weist dieses sehr viele auf.

Klar nachvollziehbar wird in diesem Buch dargestellt, wie ein auf „alten Pfaden" gründender zeitgemäßer und zukunftsweisender „neuer Weg" aussehen kann, ein Weg, der mehr Lebensqualität, Lebensfreude, Gesundheit, persönliche Entfaltung, Menschlichkeit, Gemeinschaft und Glück mit sich bringt.

Begeben Sie sich mit Norbert Paul auf eine Reise, welche Ihnen die Faszination und die Magie des Lebens zurückbringt.

260 Seiten, Broschur, ISBN 978-3-934291-86-7, **Preis: 18,80 Euro**

Alle Bücher sind erschienen beim Verlag Zeitenwende: www.verlag-zeitenwende.de